U0119567

傷痕文學大系 3

大變動時代的滄海一粟

——劉錫輝回憶錄

坎坷命運的真情告白

劉錫輝◎著

博客思出版社

作者簡介

一九四九年被迫從軍
陸軍官校二十五期
八二三砲戰九死一生
成功大學機械工程學士
成功大學機械工程碩士
一九六九年進中科院工作
美國聖母大學航空工程碩士
一九九二年移民美國

致謝詞

這一批已經在電腦磁碟中沉睡的「烏合之眾」，能夠甦醒起來「集結成軍」，是在非常偶然的機會，看見了燈塔——馬忠良先生的回憶錄〈從二等兵到教授〉。在「集結成軍」的過程中，又遇到貴人給它化妝修飾，特此記錄下一些痕跡。

初稿有「己已」不分，「併」肩而坐，「與」事無補，「檔」箭牌……等錯字，承蒙馬忠良教授用「顯微鏡」逐行逐字的查察而得以正身。馬教授是我的「一字師」，亦是這篇回憶錄的「催生產婆」。復蒙賜我序言，增添光彩不少。

承蒙同在健身房游泳池中修煉多年的「同修」陳厚本先生，用「望遠鏡」看到了初稿中不順眼的「插隊」者，把它揪出，按順序排隊，並將突然跑出來的「報告」加入前導，使得隊伍看起來比較順眼一些。

感謝鄒成虎同學的厚愛，內文已有詳述，在此就用「千言萬語難以表達謝意」一句話了。

感謝我家人的支持，得以在人生旅途，互相照顧，不致於孤單寂寞。

感謝已經逝世的叔叔和金新哥，在我沮喪的日子扶我一把，使我能站立起來。

感謝光漢叔在我讀大學的暑假打工時，讓我「白吃」早餐。

感謝曾立權給我多次的奇遇，增添人生旅途的樂趣不少。

感謝劉雨聲從小學五年級就開始作伴，七十年歲月的友情，雖然過得平淡，誠屬難得也！

感謝在此沒有一一列舉的親友們，請寬恕我「老糊塗」了。請多多包涵！

幾十年來，父親被胡璉部隊槍殺，及自己在「軍中暴行案件中被殺傷」這兩件事，是我不願意在親朋好友面前談論的事。那種沉重的包袱，一直都壓在我的心房上。如今，攤在陽光下，面對它！反而讓我卸下包袱，終於得到解脫。是謂坎坷命運的真情告白！

謹以此書獻給
父親與母親的在天之靈

緣起

二〇一三年七月十一日在美國加州 Cupertino 圖書館，出席〈陳若曦的七十歲自述：堅持、無悔〉讀書會，讀者分別發言，表達讀後感想及看法。有位讀者以他的自傳〈馬忠良回憶錄從二等兵到教授〉，致贈陳若曦。因為有讀者對戰後派來台灣的軍人軍紀敗壞，軍容不佳，及「二二八」事件發表評論，稍後我即以自己也可以算是「從二等兵到教授」作為引言，表示軍隊大陸敗退時，就已經軍紀敗壞，不是到台灣後才這樣，也是那個年代的悲劇。我身受其害，感觸良多，現在選擇寬恕原諒。讀書會主持人吳玲瑤女士說，所以你才能夠從二等兵到教授，並詢問我有否寫回憶錄，答以已經寫下存在電腦磁碟，自認對社會大眾無甚助益，只想留給子女參考。

得悉馬忠良先生是成功大學外文系同學，在美國獲得碩士、博士學位後再回成功大學歷任教授，系主任，訓導長，院長等職而至退休。乃交換電話號碼，相約找時間再見面聊聊。

承蒙馬忠良先生將他的大作惠贈，封面上的標題：從二等兵到教授，八十年的坎坷歲月，八十年的時代記憶。立即抓住了我的視覺，再往腦海裡深進，引起共鳴。讀後更加引發見賢思齊的念頭，乃思考重新編整以前的回憶錄，是否能印出來給親戚朋友分享我的心路歷程。

我的回憶錄，大致以〈五十歲感言〉為綱，六十歲來美後寫的〈我的回憶〉為本，七十歲後陸續增加一些隨興之作，去年寫下〈八十感懷〉之後，即已告知子女，除非有特殊情況，回憶錄不再修改。如今重作馮婦執筆，古人所謂十年煉一劍，我卻十年寫一稿，但品質卻無法比擬。以前寫的時候，只是忠實記錄心路歷程，平舖直敘，文字洗煉不夠。每篇寫作都是各自為政，結集後便發現彼此互有部分拷貝。現在想要重新編整，必須努力修剪，刪除雜枝。更要添些醬醋配料，希望能炒出一盤稍為可看的菜。只是眼高手低，能否如願增加可讀性，則不敢奢望也。

龍應台教授大作〈大江大海一九四九〉發表後，曾再三拜讀。特別是有關「徐蚌會戰」那一部分。因為我的三叔劉放吾，軍校十七期畢業，以政工大隊副大隊長職務身分，參與了「徐蚌會戰」。一九四九年我離開大陸前，知道他在「徐蚌會戰」後，寄回一封家書報平安，沒有其他內容，也沒有發郵地址。一九九二年我赴大陸探親時，他已作古多年。僅得悉他參加了「抗美援朝」戰爭，以「排級」身分退休後在老家任小學教員。因此之故，覺得該書可能仍有一些未符史實。尤其是兩岸之間對戰爭史實記載，都有偏頗之處，引用資料未必完全可靠。更何況在那個大動亂時代所發生的事，對於現在社會上的年輕人而言，有什麼樣的感受都不得而知。所以像我這樣的人生經歷回憶錄，對社會上會有何幫助，更值得存疑。因此打算存入電腦隨身碟中，說是給子女參考。其實時代變了，環境不可能複製，有否參考價值都是未必。不過就是我的人生記錄罷了！這份寫了幾十年的記錄，若能結集印出來，而且有幸蒙親友瀏覽，若能換來一聲感嘆：呀！原來是這樣啊！就萬分感謝，心滿意足了。

讀《大變動時代的滄海一粟》有感

馬忠良

我與劉錫輝先生的結緣起於一讀書討論會中。那天是二〇一三年七月十一日、上午十時至十二時，地點是加卅庫本蒂諾市市政大廳，討論的是陳若曦所著《無悔、堅持——浮生七十》。我因為在鄰近之庫本蒂諾圖書館看見了打出來之宣傳片，又因為與陳女士於某年十月在《文訊雜誌社》主辦之九九重陽節——向文藝老兵致敬的餐會上，有一面之緣，引介人為多年老友王璞先生。老實說，陳女士的這本作品我沒讀過，僅讀到報紙上的評介。我之所以去參加這個會是因為我也寫了一本書：《從二等兵到教授——馬忠良回憶錄》，想藉此機會送她一本，順便請教她一個問題，所謂「增訂版」是怎麼會事。詎料，陳女士那天並沒出席，謹請吳玲瑤女士代為主持，我的簡短發言乃是敘述與陳女士一面之緣的起因，並請吳主持人代轉我寫的書。

會後，劉學長錫輝前來與我相認，因為他也是成大的畢業生，而且是最好的學術單位——機械系畢業的，驟然間我們的距離拉近，大有「他鄉遇故知」的況味。言談之餘，他說他也寫了一些自傳性的文字，現儲存電腦中，我告訴他，像我們同樣的年齡的人，於一九四九年大撤退時，除達官顯要的子弟外，均有一本滄桑史，何不寫完它，大者可以留給年輕人一個「借鏡」，鼓勵他們力爭上游，小者也可以告知自己的子孫，我們這一家族的來龍去脈，怎麼來到了台灣，又如何移民來到了美國。

數天後，錫輝兄就以電子郵件把他的這本大作傳送到我的面前，頁數雖然不多，我卻費了些時間一個個字的讀完，最令我感動的情節包括：他的父親為了保護他的母親遭胡璉的部隊槍殺；屋漏偏逢連陰雨，自己又胡裡胡塗地被抓去當兵；後來又投考了軍校，畢業後，派駐金門又趕上了八二三砲戰，在掩體內與他並肩坐在一起的副連長董玉玲、遭彈片擊斃，生死只一線之間。反諷的是自己的父親遭國民黨的軍隊槍殺，自己在軍校格於規定，不得不加入了國民黨，家仇，國恨與出路互相糾葛，如何爬梳？如何自處？錫輝兄在此時發揮了無比的耐心、以拖待變、終於逮到了機會考取了成大機械系，獲頒工學士，再接再勵，考進碩士班，畢業後進入中科院服務，對各導彈發展計劃貢獻良多，曾獲雲麾勳章。在此期間又赴美深造獲聖母大學碩士，其後，來美接受過幾次短期訓練，並在工作崗位上貢獻所學，至一九九二年辭職為止。

另外，最揪我心的是錫輝兄接老母親來台奉養乙節，他不怕繁文褥節，打通關卡，把母親自廣東興寧縣接來台灣，當飛機抵達桃園中正機場，與濶別四十年的母親相見，恍如隔世。百行孝為先，錫輝兄為他的子女立下了榜樣。其次，他對其二弟與三弟鬩牆之事也處理得很好，行忠恕之道。對其妻子，兒女均做到了為夫為父的責任；對親友的應對進退也拿捏得恰到好處，很念舊，這可從他行文中之字裡行間看出。

綜合而論，錫輝兄是愛台灣的，他在《世界日報》上發表之諍言就是實證。

致文化部龍部長：

在這本《劉錫輝回憶錄大變動時代的滄海一粟，坎坷命運的真情告白》即將出版前夕，重新再讀龍應台教授大作《大江大海一九四九》，再次受到震撼。特別是「他是我兄弟」那一章第355頁提到：

【太多的債務，沒有理清；太多的恩情，沒有回報；太多的傷口，沒有癒合；太多的虧欠，沒有補償……太多、太多、太多的不公平，六十年來，沒有一聲「對不起」。】

我這本回憶錄公開了非常隱私的二件事，是我踏出心中陰影的一大步，是我的坎坷命運的真情告白，是大變動時代之滄海一粟的現身說法。

雖然這是時代的大悲劇，但那些用「保家衛國」作為口號的人物，何曾想到過憲法對於人民生命財產的保障？任何一位政治人物，都要接受歷史的裁判。即使蓋棺都難以認定。現在金門島上供奉著的那枚「青天白日勳章」的背面，染著多少人的鮮血？！「一將成名萬骨枯」，乃是千古名言。這些政治人物，若有後代子孫的話，其後代子孫應該知道事實的真相究竟如何？

這本書我想表達的重點有二個：

第一點：一九四九年這個大動亂的時代，多少家庭及個人受到了影響，他們這樣的過了一生，社會上有過什麼省思？

第二點：在官場上高呼「革命情感」口號的大官，為何一九八七年開放大陸探親政策，弄成那麼「二百五半吊子」？多少受此影響的人遭受到痛苦的煎熬！甚至於一九八八年明令准許軍公教人員出國觀光，卻將香港排除在外，以阻絕兩岸人民在香港會親的機會，根本是違反人性的措施！這些有權有勢的人，何曾有過一點點人道精神，卻偏偏要自欺欺人的強調，開放大陸探親政策是基於人道精神。這些大官們，假如仍然在世，午夜夢醒時，可曾有過什麼省思？

敝人也許是在龍教授大作《大江大海一九四九》中，仍然願意用《回憶錄》的方式表達意見的稀有族群之一了。這個微弱的聲音，不知道能否讓龍部長聽得到？假如聽到了，能否代為尋找到那一聲「對不起」？

不敢耽擱部長太多寶貴時間，謹以拙作自序表述如下。

P.S. 致文化部龍部長公開信，曾經於十月四曰接到文化部長室袁秘書來信表示：會盡快轉陳部長參閱。

自序　人生如夢

現在流行用語「美國夢」，在我的人生規劃裡，從來沒有作過這樣的夢，是怎麼樣走到這個夢境裡的，自己都糊里糊塗了！

小時候很頑皮，家境又不好，讀書是三天打漁，四天晒網。真正的算讀了六年書，弄個初中畢業，卻連個初中畢業證明書都拿不出來。

十七歲的懵懂少年，父親在家門口遭到胡璉部隊槍殺。母子正在徬徨無依，一籌莫展的時候，自己卻被胡璉部隊抓走了。

熬過了那最初幾年當「新兵」的日子，蒙當時營長同意我以高中同等學力資格報考軍校並出具保薦函。混進了「黃埔軍校」，寫個學生自傳，又出來個「賣父求榮」的賤招。說父親遭「共匪」殺害，為報家仇雪國恥，拜別了年老的慈母，投入革命陣營。而且加入了國民黨。長官說「黃埔軍校是黨的學校」。那些「師傅們」認為我是個「好徒弟」，畢業時賞封為第一名高徒。

在金門島八二三砲戰中，一線之差沒有被「共匪」的砲彈破片殺死，撿到一條命。在回到台灣的承平時期裡，卻在某個半夜，被天天同桌吃飯的「革命夥伴」殺得混身是血，差一點就進了鬼門關，在醫院裡「躲」了將近一年。

叫化子也該有三年好運吧！總算熬過了苦難的日子，進了大學，再進研究所。然後，在中山科學研究院謀得一份喜歡的差事。找到個好老婆，生兒育女，終於出了頭天。參與飛彈研究計畫，連續二年獲頒莒光獎章，雲麾勳章各一座，對國家的奉獻，大概可以交差了吧！

政府開放老兵赴大陸探親，自己卻坐困愁城，動彈不得。傳來老母親的聲聲呼喚，只能「置若罔聞」。還要按照指示在小組討論的場合，違背自己的良心，宣稱開放老兵赴大陸探親是人道政策，難怪會來個「脫線演出」，大唱反調不人道。准許軍公教人員請假出國觀光，卻不准去香港會老母親一面。被騙「解救水深火熱中的大陸同胞」，感嘆自己想見見年老的母親都辦不到！辭職不幹吧！一家子人還得靠這分薪水過生活。你能奈何！

退而求其次，通過重重困難關卡，老母親總算以「難民」身分到了台灣。桃園中正機場機門前接到了老媽，已經不是那個四十多年前，從水口三中揹著我翻山越嶺回家的身影了。沒有相見抱頭痛哭的場面，亦沒有高興得跳起來！大概是不知道該怎麼樣抱抱老媽了！

總算機緣還很不錯，就在兒子快要被服兵役管制，不得離開台灣的前半年，美國政府允許我們全家人移民。老婆孩子立即收拾細軟，先行抵美落腳。老頭子留下來處理傢俬，隨後跟進。在美國自求多福，再一幌眼又是二十多年過去了。回顧一下以往種種情境，難道真的人生如夢？

將這回憶錄稿子寄給在耶魯大學新加坡分院任教的兒子，要他以讀者身分提供意見。他竟說我們夫妻倆打了美好的一戰，兒女都很爭氣，倆個人都可以躲到床鋪底下偷笑了！

承蒙惠允瀏覽，非常感謝！

劉錫輝敬上二〇一三年九月廿五日

目錄

目錄

照片集錦

大變動時代的滄海一粟

——劉錫輝回憶錄

被迫從軍

我原名劉錫光，民國二十一年農曆三月二十三日，出生於廣東省興寧縣水口墟石塘村。

一九四九年農曆閏七月，胡璉部隊從大陸敗退經過廣東時，被抓當兵，原先以為少報一歲年齡，可以「放我一馬」回家，結果比我更小的都沒有放過。這一錯就一路錯到底。好處沒得到，壞處倒是有。一九九二年辭職時，明明實際上已年滿六十歲，可以符合條件辦理公務人員退休的，卻因身分證記載才五十九歲只能資遣，發下一點點資遣費就被打發了。落得一個「偷雞不著蝕把米」的下場，真是虧大了！

一九四九年十月，隨著軍隊由廣東汕頭乘登陸艇出海，沒有聽人說明要去那裡。因為暈船，一出海就不知日夜的躺在底艙鐵板上。艙的角落、周邊，都是便溺和嘔吐物。艙內空氣污濁，人擠著人，簡直無法動彈。據說在海上過了七天，傍晚到達一個沙灘登岸。隨著眾人下了船，在沙灘上休息。炊事人員快速的煮了一鍋稀飯，每人分得一碗。那真是記憶中很難忘記的一頓晚餐。在船上因為暈船，未進飲食，身體疲勞不堪。吃完那碗稀飯，才能勉強的可以和大家一起走路。途中休息時，很多人到路旁邊田地中拔蕃薯吃。有個同鄉好心的給了我一顆，沒有水可以洗，擦掉泥土就吃，真好吃！天黑後抵達一個小村莊，在民房旁邊和衣躺下，不知道自己身在何處。睡夢中忽然聽到槍聲大作，有人說打仗了。但是戰場似乎離得很遠，用不著擔心。實在太困乏了，照睡不誤。第二天，空中可以看到飛機，區隊長命各班長送來軍服，要我們脫掉從家裡帶來的衣服，換穿軍服。後來才知道那天就是十月廿五日金門古寧頭大捷的一天。第三天，我們這批同鄉約三百人，就被編入部隊，番號為陸軍第十四師第四十一團。以前的臨時編組第一、二、三中隊，依次編入第一、二、三營。我被編入第二營第四連。很久以後才知道，我們這一批同鄉，老早就是第十四師第四十一團的新兵大隊，只是沒有穿軍服和領薪餉而已。第十四師另外二個團同樣有新兵大隊，也是在很久以後，全師部隊集合時，同鄉之間互相交談才知道的。在金門的一段日子，白天做工，構築碉堡和戰壕，晚上還要站兩個小時的衛兵。後來部隊調到小金門島，海防碉堡做好之後，生活上較有規律。我的身體亦較以前強壯一些。然而在此期間，我卻患著嚴重的思鄉症。想起家中可憐的母親及年幼的弟弟、妹妹，感傷家庭破碎，有時候徹夜難眠。後來透過在香港的初中同學謝治華和家中取得聯繫，得悉母親和弟妹們都平安，心裡才稍為好過一些。可是沒多久，謝治華來信表示，他的公司不允許他繼續和我通信，於是就和家中失去連絡了。

要談為何會患思鄉症，應該從一九四八年我初中畢業後談起。我家是大家庭，成員包括繼祖母、父母、叔叔、嬸嬸、弟弟、妹妹等共十二人。家境不好，經常吃飯都成問題。因此，初中畢業後，父親就要我到水口店中幫忙做事。由叔叔負責做豆腐賣兼賣酒，我幫忙收帳打雜。生意並不好，就這樣做了大約一年。一九四九年六月間，「八路軍」來了，不久又走了。

七月間，來了國軍「洪都支隊」。聽說要抓壯丁，店暫時關門。回到家中，媽媽叫我帶著二弟到外婆家中躲一下。第二天，就聽舅舅說，爸爸在家裡因為抗議部隊搶劫，被槍殺了。舅舅不讓我和弟弟回家。只知道爸爸的遺體，由思錦叔公等幫忙，草草的埋葬了。過了幾天，「洪都支隊」走了後，才敢回家。無可奈何的走到埋葬爸爸的地點跪拜，欲哭無淚。那時候，媽媽有身孕，挺著大肚子，家中沒有人管，店中生意關門。三叔黃埔軍校十七期畢業，在軍中服務，徐蚌會戰後，僅來信表示平安，下落不明。二叔早已病故。四叔、五叔乃繼祖母所生。四叔大我兩歲，五叔則小我一歲。家中事務，原本由爸爸媽媽主持。突然遭此橫禍，一家人都不知道該怎麼辦才好。然而，老天待我媽媽實在夠殘酷，她才遭喪夫之痛，沒過幾天，她的十七歲長子，又被「武夷支隊」抓走了，教她如何承受這生離死別的雙重打擊呢？那批被抓走的人，大約三百人，臨時安頓在當地水口第三中學。那是我曾經讀過三年的學校，但此刻身份卻不同了。這一批人之中，有我四位堂叔。在三中短暫停留期間，未曾再見媽媽一次面。僅由叔婆帶來一些衣服，並從叔婆口中得知媽媽的悲痛情形。如今相隔數十年，一想到了這些就會潸然淚下。

童年到成年

我家是大家庭，成員包括曾祖母，祖父、繼祖母、父母、叔叔、嬸嬸、弟弟、妹妹等共十二人。家境不好，經常吃飯都成問題。

祖父連成，以務農為業，據說會做裁縫。我父親有三兄弟是同一母親薛氏所生，二叔煥清，做船工，三叔放吾，軍校十七期畢業，在軍中服務。另外二位叔叔，煥璋，大我二歲，煥城，小我一歲，是我的繼祖母曾氏所生。

我兄弟三人，一位妹妹。二弟錫芬，小我三歲，三弟旭輝，小我九歲。他們倆位中間，有一位弟弟早逝，妹妹亦早逝。

記憶中似乎想不起來，兄弟曾經在一起玩耍過。記不得他們倆在一九四九年以前是否上過學。參照後面我弟弟寫的劉旭輝自傳的記述，那時候應該沒有上學。

回憶童年時期，是有過幾年快樂時光。由於我是長房、長孫、長子，在嬰兒時期得到一家人的寵愛，是很平常的現象。那時家境還算小康，但到我四歲時，曾祖母逝世。五歲時祖父逝世、二叔病故，家中就舉債度日了。在那個年代，曾祖母逝世的喪葬費用多寡，由她的娘家親戚作主。祖父的喪葬費用多寡則由叔祖父決定。愛面子，有多少就花多少，甚至於舉債都要辦得體體面面。

我的求學過程，有點不太正常。五歲時，父親在村中私塾教書，乃隨班就讀，唸了三年私塾。八歲時到鄰村愷元小學讀三年級，後輟學半年。再到另一鄰村光華小學讀四年級，後又輟學半年。十一歲時到水口水東水西兩鄉聯立小學讀五年級，在妙坤叔店中寄宿。十三歲小學畢業後，就讀水口第三中學，住在學校宿舍。學校有廚房，用蒸籠蒸飯，學生自備蒸碗，自己洗米放在碗中，交給廚房工人。通常是常年菜，每星期母親送來或自己回家中拿來。因為爐灶不多，炒菜要排隊，所以蔬菜很少。

十六歲初中畢業後就失學。我不能埋怨童年沒有受到良好的教育，因為兩位和我年齡差不多的叔叔，連小學都沒有辦法讀哩！他們倆位很小就要下田，插秧、除草、割稻，織布，做豆腐，可以說是自食其力。我呢？除了上學以外，什麼事都不會做。就拿讀書來說，也算不上是用功的學生。當時不覺得怎麼樣，一九四九年到金門島當兵以後，看到當地和自己差不多年齡的金門人，背著書包上學，而自己卻在做著類似苦工的工作，就後悔以前浪費的時間是多麼的可惜啊！

進陸軍官校

一九五一年，部隊已經比較上軌道，作息時間較為正常。聽說有保送軍官學校的機會，就到金門城買本高中升學指南自行研讀。那時金門島上有一種小型報紙〈正氣中華報〉在軍中發行。有一天刊登了軍官學校招生的消息，遂請求准許報考。承蒙營長李惠民先生同意我以高中同等學力資格報名，並出具保薦書。經過師部初試、金門區複試，當時並不敢抱什麼希望，考完仍然照常參加部隊做工。記不清楚是那一天，〈正氣中華報〉刊載一則消息，標題為金門區軍校招生錄取劉錫光等數十名將於日內赴台複試，真有點喜出望外，不敢相信。連長立即叫我不要再去做工了。接連幾天，長官召見，贈送旅費。同鄉們亦為我餞行，送我旅費。於一九五二年春，乘船到台灣高雄，再轉車到鳳山。再經過一次體格檢查及複試後，被正式錄取。從此進入另一階段的人生旅途。

我在金門服役的部隊，第十四師第四十一團，士兵大部分是廣東人，其中甚多是鄰近村莊的人。他們給我很多幫助，特別是妙松叔，他大我三歲，從小就帶著我上學。因為他入學較遲，而我入學較早，遂一直都是同班同學到初中畢業。後來他升高中，而我失學在家。他讀書比我用功。在部隊中，因為他字寫得好，被調到營部辦文書業務。他打籃球當選師代表隊隊員。那一年軍校招生，他和我一起報考，竟被以體檢不合格為理由，不准參加筆試。大家都知道原因何在，卻無可奈何！自從我到軍校後，他便以身體不好為理由，拒絕再參加籃球隊。第二年軍校招生時，他終於獲准報考並被錄取。因此我倆又在軍校再次同學，但是他卻低了一期。

在軍校的兩年半中，生活很有規律，除了軍事學科、術科教育以外，尚有普通學科，相當於高中程度的物理、化學、數學、國文、英文等，並依照不同程度分班授課。在此期間，我很用功。入伍教育、分科教育，無論軍事學科、術科，或普通學科，每次測驗成績都很好。畢業時獲全期一千多名同學中，總成績第一名，在畢業典禮中，蒙總統親自頒發獎品。

一九五四年八月卅一日軍校畢業後，派台南師管區砲兵第一團擔任助教。**奉國防部正式任命為砲兵少尉，並改名為劉錫輝，寓從軍改名之意**。此乃由於軍籍上，另有他人姓名亦為劉錫光，不允許軍籍上有相同姓名之故。在砲兵團除了準備教材和授課訓練新兵以外，其餘時間完全可以自由運用。我把握住機會，加強英文、數學。可惜只有一年時間，砲兵團改編，被派往野戰部隊服務。在部隊中，我仍有機會進修，曾被派往台南砲兵學校初級軍官班，受訓二十週，並以第一名成績畢業。其他短期訓練班次，運輸兵學校汽車保養管理軍官班、兩棲作戰參謀作業訓練班、國防部體育幹部訓練班等，我都有機會參加，而且努力學習。對拓展知識領域甚有幫助。

金門八二三砲戰

一九五六年九月砲兵學校初級軍官班訓練結業前，原屬部隊已調往金門駐防。結業後即前往金門第六一九砲兵營歸建。郝柏村將軍擔任軍砲兵指揮部指揮官，第六一九砲兵營由郝將軍直接指揮。

初期擔任第二連連附職務，負責在夜間對廈門和大磴島之間的橋樑建築工程進行不定時的干擾射擊。後來移防到洋山村，改任第三連連附職務，監督構築火砲水泥掩體。很特別的是，副連長董玉玲較有經驗，卻被派到建造「國民小學」施工隊當隊長，連長盧光義調營部作戰官，據說與督導建造「國民小學」有關。

連上的火砲掩體由連長派我率領各班班長及得力士兵等人，到正在構築火砲水泥掩體的陣地去見學，沒有施工藍圖，只口頭講述要點。所幸各班長都很能幹，施工方法由他們直接學習，我只負責記錄火砲掩體尺寸。

當時連上裝備為105公厘口徑榴彈砲，奉命準備更換裝備為155公厘口徑榴彈砲，參觀見學的就是155公厘口徑榴彈砲陣地。因此工作並不困難。

那時候，金門防衛司令部正在構築中央公路水泥路面，各師及軍砲兵部隊各負責建造一間「國民小學」。於是聽到一些「謠言」，說是國防部核定每門火砲掩體八百包水泥，金防部扣掉四百包，營部又扣兩百包，發到連上只有兩百包。是真是假，不得而知。連上四門火砲，共領回八百包水泥則是事實。連指揮所，通信班掩體，還要從其中勻支運用。

火砲掩體構築完成後，副連長董玉玲上尉從「國民小學施工隊」回到連上。他便督導各班士兵，挖掘地道，連結各砲掩體和指揮所。那種地道很窄小，只能讓一個人匍匐爬行。在砲戰很激烈的情況下，倒也發生過作用。

一九五八年八月二十三日傍晚，晚餐已經完畢，正在陣地附近活動。突然聽到砲彈爆炸聲，趕緊跑回指揮所。立即接到營部作戰官下達的反擊命令。前幾天已經分配過作戰任務，不用再重複，各砲就立即發射。

砲戰初期，連上仍舊是 105 公厘口徑榴彈砲，陣地在靠近海邊的洋山村，射程只夠得上打到大磴島，對共軍產生的威脅不大，所以沒有受到對方「重視」。可是，更換為 155 公厘口徑榴彈砲之後，就被對方「提高待遇」了。

有一天，砲陣地被對方集中火力射擊，形容為落彈如雨，毫不為過。其中一發擊中指揮所門口走道，只聽見轟的一聲，一團漆黑中，破裂的彈片飛進指揮所，只聽到董玉玲上尉哼一聲，便聞到一股血腥混合煙硝的氣味，我人都快暈倒了。在那個窄小的指揮所中，共坐有連長，副連長，連附，及另二位士官，我任中尉連附職，與副連長董玉玲上尉並肩而坐，真正是生死之間，一線之隔。

接著，連指導員趕來指揮所，派士兵扶我離開指揮所，由他處理董玉玲上尉遺體等事宜。後來指導員告知，當時我臉色蒼白，非常難看。

如今時隔那麼樣的久遠，那種同僚傷亡的景象，以及血腥混合煙硝的氣味，似乎仍然在腦海中難於遺忘。

一九五八年底，部隊準備換防的時候，接防部隊先遣人員副連長及各砲長抵達的第二天，不知道是否對岸得到情報，用隆重的「軍禮」歡送。那一次的震撼教育，可以用「地動天搖」來形容。對方使用延遲爆炸引信，使砲彈進入地下後再爆炸。好幾發擊中指揮所附近，弄得指揮所好像在船上，有時會搖搖晃晃。共軍很明顯的想一舉摧毀我們。因為每次砲戰前一天，營作戰官都會下達指令，火砲的射擊方向就已經定位，在砲戰時一聲令下，就只管發射或停止。因此火砲掩體的射口都用沙包封閉得很小，幾乎只露出砲管。很奇怪哩！那天竟然會有一門火砲的砲管被擊中，一發砲彈溜進掩體。更奇怪的是竟沒有爆炸！只有一位弟兄被水泥碎粒擦傷，稍為包紮就無大礙。大概是蒼天庇佑，不應該被「共匪」趕盡殺絕。真是奇蹟！

再過一天的黃昏時刻，部隊到了料羅灣，上了船，出了外海後，我才放下緊張的心，覺得可以安全的回到台灣了。

現在可能很多人都不記得「八二三砲戰」當天，曾經發生金門防衛司令部三位副司令官同時殉職的事情了。

依據披露的報導，他們是在金門太武山戰備坑道出口的人工湖「水上餐廳」殉職的。假如中共的情報更精準些，砲戰延後幾分鐘，等待司令官胡璉和國防部長俞大維先生，都已經進入「水上餐廳」就座，歷史就可能不是這樣寫了。

依據火砲彈道軌跡理論，從「水上餐廳」作為彈著點，向後倒推，越過太武山，反推算出來的發射地點，似乎找不到對岸的火砲陣地位置。因此很多人懷疑那不是砲彈。也許往後機密文件能夠解除機密時，將可發現真實的狀況。

另外在一些宣傳方面，砲戰期間共軍向金門發射砲彈總共多少，本人職務低，所知不多，不敢妄言。唯有關宣傳「共匪」殘暴，濫射民房一節，可能有些誇大之詞，轉移目標之嫌。何以這樣說呢？現在就我所知作一說明。

砲兵六一九營所屬有三個砲兵連，營部連及勤務連。每個砲兵連配四門火砲。當時的佈署是，營部，營部連，勤務連，及第一連，佈署在太武山下很隱蔽安全的地點，第二連及第三連佈署在靠海邊洋山村後面山坡地上。兩個連共有八門火砲，幾乎一線排開。兩個連的伙房及炊事班人員都借住民房。這樣說吧！若誇張一點的話，火砲和民房混雜在一起，不算太超過啦！

再精準的火砲射擊，都可能有一些偏差，因為火砲陣地距離民房不遠，彈著點落在民房，幾乎是無可避免之結果。第三連的伙房就曾經被擊中過一次，那一頓晚餐，別具風格。除了有沙石以外，還有火葯味道。

第三連曾經奉命發射過宣傳彈，彈內裝許多傳單，前陣子整理資料，居然發現了當初夾在筆記本中的一張，尺寸大約五公分乘七公分半，繁體字印刷，不知道大陸的軍民檢到了，看不看得懂。

正面印〈參加反共陣營的三項保障〉：

〔一〕凡脫離匪軍起義來歸的官兵，均與國軍袍澤一視同仁，論功行賞。

〔二〕凡參加反共工作的各政治集團，各民間組織，除共產匪黨外，不論其過去政治立場如何，一律享有平等合法的權利，循憲法規範與公平競爭的原則，共同努力，重建「民有、民治、民享」三民主義的新中國。

〔三〕凡參加匪偽政黨組織分子，除萬惡元兇以外，只要其願為反共革命效力，概本脅從罔治和既往不咎的寬大精神，一律予以赦免，並保障其生命財產的安全。

背面印〈反共復國的六大行動目標〉：

［一］澈底解散集中營，廢除「勞動改造」的奴工制，保障工人自由擇業及組織工會等基本權利，免除奴役脅迫的恐怖，以恢復工人勞動、擇業的自由。

［二］根本撤銷「農業合作社」、「集體農場」和「糧食配給制」等一切暴政，耕地應為農民所有，收獲亦為農民所享，免除剝削與凍餓的恐怖，第一步要先恢復農民溫飽康樂的自由。

［三］根絕「馬列史毛主義」的思想毒素，及「社會主義」教育等洗腦酷刑，徹底解除奸匪對於知識分子和青年學生在精神和心理上所施的壓迫，尊重理性，發展學術，消除「思想改造」的恐怖，以恢復人民思想、研究的自由。

［四］取消「公私合營制」及對民生必需品的「統購」「統銷」等扼殺人民生計的苛政，維護私人合法財產及利潤，免除沒收與掠奪的恐怖，以恢復人民經濟生活的自由。

［五］澈底消滅階級鬥爭，禁止製造仇恨及清算、公審等一切滅絕人性的暴政。凡家庭受鬥爭、親屬被殺害者，皆將依合法手續平情處理，不能肆意尋仇，互相殘殺，免除循環報復的恐怖，以恢復人民生命安全的自由。

［六］發揚民族精神，保衛歷史文化，崇尚倫理道德，維護婚姻自由，增進家庭康樂，並保障人民言論、出版、集會、結社、居住與宗教信仰之自由，免除一切控制、迫害的恐怖，

以恢復人民選擇生活方式的自由。

二〇一三年八二三砲戰五十五週年紀念日，馬總統在金門說：「當年八二三砲戰，金門一百多平方公里土地上，承受了四十七萬發砲彈，每平方公里落下三千一百六十八發砲彈，創下落彈最高的歷史記錄。」這種說法其實不夠明確，用金門島上全部土地面積，平均分攤承受落彈總數，不足以說明真實狀況。若以金門島十分之一地區承受了四十七萬發砲彈，每平方公里落下三萬一千六百八十發砲彈來作說明，或許比較與戰況較為接近。因為在砲戰中，遭受到密集砲彈攻擊的地點，是砲兵陣地，重要軍事設施，及料羅灣補給艦艇登陸區域。其中以砲戰主力一百五十五公厘口徑加農砲的砲兵陣地，遭受到的落彈數最為慘重。當時金門島似乎共有十二門一百五十五公厘口徑加農砲。若金門島統計落彈數為四十七萬發，以三十個地區來平均承受，每個地區約為一萬五千發，或以一個砲兵連陣地橫寬一百五十公尺縱深一百公尺來估算，相當於每平方公尺承受落彈一發，不然的話，就再擴大為六十個地區，每二平方公尺承受一顆砲彈，可以得到更鮮明的印象。馬總統說的創下落彈最高的歷史記錄就更加不一樣了。現在金門島已經開放觀光，諒不致於造成洩露機密吧！

前面幾段我表示過，砲戰期間共軍向金門發射砲彈總共多少，本人職務低，所知不多，不敢妄言。現在馬總統公開宣稱金門島在八二三砲戰，承受了四十七萬發砲彈，這就是官方正式文件了。但是用全金門島的土地面積作平均計算，會引導出錯誤的解讀。拿前些日子「潭美」颱風帶來雨量作一比喻，就非常容易瞭解。「潭美」颱風的雨量，以新北市烏來區，桃園縣復興鄉，台中市太平區，較為嚴重，造成損害較大。北部三個縣市政府宣佈颱風放假，停止上班、上課。很多人樂壞了，多撈了一天假，到百貨公司或娛樂場所享受。那三個地區確實雨量超大，損害較大，假如以三個縣市作一平均雨量計算，就已經不合放颱風假的條件了。若再擴大為全台灣地區平均計算「潭美」颱風帶來的雨量，將會造成錯誤的解讀就非常明顯了。

砲戰經過已有很多文獻記載，個人所知有限，無法多作敘述。這裡只介紹一件很特殊的事件，就稱作「李興儒事件」吧！

「李興儒事件」發生於金門八二三砲戰後一年。稱為「南投血案」，李興儒持卡賓槍射殺了女朋友全家人，然後自殺。真悲慘！

為何我會記得這些？因為他是官校受訓時的直屬區隊長。

八二三砲戰時，他被派任為當時金門特有的「八吋口徑自走砲」連長，那個自走砲白天躲藏在山洞裡，夜晚移動到發射位置。等待砲聲隆隆的時刻，它才加入戰場連發幾彈。發射完，乘夜暗又撤離了。第二次再到另一個地點如法泡製。發揮了加強的效果。那時候他很得意，特別通知他的學生們去參觀那種大砲。但沒有多久，就聽說他被調走了。他是四川成都的陸軍官校末代二十三期學生，後來輾轉逃離大陸經由香港轉到台灣，在陸軍官校學生砲一隊任中尉區隊長。他後來的經歷不清楚，再次見面就是參觀八吋口徑自走砲的時候。

「南投血案」發生時，新聞報導很多，唯有動機沒有見到說明。據同學們傳播出的消息，他在香港等待入台灣的時候，參加了「什麼三民主義讀書會」。因為擔任很重要的連長職務，被安全單位查出，調任營部上尉作戰官。回台灣後，女朋友又不理他，於是就發生慘案了。

日前讀陳若曦的書，有關高雄「黨外人士」暴動的事件，批評白色恐怖，有感而發寫下這件無厘頭公案。

個人因八二三砲戰獲頒陸海空軍褒狀，並於砲戰「單打雙不打」期間，被選拔為作戰有功官兵，於十月七日赴台灣渡一週榮譽慰勞假，接受軍人之友社招待。其中有自由活動的一天，我到北投醫院探望在砲戰中受傷，轉送台灣治療的同事，賴觀測官。據他告知，有一位和他同一架飛機受傷送回台灣的軍官，在松山軍用機場下機時，大聲高呼「殺胡璉以謝天下！」國防部人員告訴新聞記者，他受傷後精神失常，為了掩飾，被送到精神病院去了。在那個年代的新聞記者不像現在，所以報紙上看不見這個消息。

時至今日再披露此事，似乎沒有多大的意義，更何況金門現在已朝觀光區方向發展，有機會的話，我倒盼望能再次前往金門洋山村，看看那幾座火砲掩體還存在否？

最可能的狀況是金門中央公路更寬大了，那幾間國民小學更壯大了。那些鋼筋水泥火砲掩體反而沒有了。假如真有「挪用軍用物資」去修中央公路，及國民小學的事情，應該是胡璉有「先見之明」，可以含笑九泉了。更何況他已作古多年，用不著「殺胡璉以謝天下！」了。

歷史上如何記載胡璉的功過得失，我不關心。倒是很多年以前，在美國加州灣區有位「老糊塗」自稱曾任「金門防衛司令部」副參謀長，在「世界日報」發表〈胡璉將軍海葬三十周年祭〉，宣稱胡璉在東北戰爭失利後，在江西整軍經武，建立十萬雄師大軍到金門島……等等，吹噓得不得了。為文隱惡揚善姑且不論，但當時胡璉部隊經過廣東省時軍紀之壞，抓兵拉伕，搶劫糧食及財物等，簡直不堪描述，為何隻字不提？只說在江西整軍經武，建立十萬雄師大軍到金門島。因此我對「老糊塗」的馬屁文章，讀後有「如鯁在喉不得不吐」之感，特別寫出一篇稿子〈一將功成萬骨枯〉，向「世界日報」投稿。可惜編輯沒有膽子刊登，連稿子都不退還。

受傷住陸軍第四總醫院將近一年

一九五九年新年假期，部隊由金門島調回台灣。隨即痛下決心，準備參加大專聯考。首先要解決的問題為報考資格，遂參加軍中隨營補習教育，高中畢業同等學力考試。結果除地理一科以外，其餘各科均及格。依照該項考試辦法，各科及格者可保留三年免再考。因此，第二年再補考地理一科及格後，即獲得高中同等學力證書。

一九六〇年，參加大專聯考，成績未達公立學校錄取標準。當時因國防部規定，現役軍人只准報考公立學校理工科系，且以五十名員額為限。否則的話，那年應有機會可以分發私立大專學校就讀的。

一九六〇年，實在流年不利。那時候部隊駐台南網寮營房，連長率領連上大部分官兵，到台南新化參加兵工建設。當時我任副連長職務，負責管理留守營房之官兵，準備年度裝備清點檢查。擔任連值星官的士官長王鴻章，因不甚盡職，受到營長梁磊中校的訓誡，他竟遷怒於我，於九月十三日半夜持刀將我殺傷。經送台南陸軍第四總醫院急救，生命是挽回了。身體上的傷害很快就可痊癒，但心理上的創傷，卻永難遺忘。

這一段往事，是我以前不願意在親朋好友面前談論的事，有些親友們聽到過一點消息，也從未當面詢問過我，僅有一位小同鄉問過我怎麼樣在被殺傷後調適心態，重新站起來。我說：「打落牙齒和血吞，否則還能怎樣！」現在既然要攤開在陽光下，無妨說清楚講明白。

在金門八二三砲戰時，有一次，砲彈破片飛進火砲掩體，擊中牆壁，水泥碎塊反彈向一位士兵，腹部受傷，傷口大約一公分大小，流血不多但臉色蒼白。連上只有急救包，向營部求救，一再的催，就是不見救護援助，到砲戰結束後，救護人員抵達時，那位弟兄因為內出血已經沒有生命了。我反映營部救援太遲，否則這位弟兄不會死亡。營長說：「你懂什麼！派救護車要死多少人？」也許他有他的理由，營部躲在太武山下，離開砲兵陣地很遠。他不會受到砲彈的威脅，卻作戰有功，先後共獲頒二座獎章。別小看這二座獎章啊！回到台灣後，這位張營長調為砲兵學校教官，找到一位太太，向國防部申請結婚。國防部必須依照頒發勳獎章辦法，另外再頒贈一座房屋。就選在砲兵學校旁邊的「湯山新村」特別建造。

於是，砲兵學校教官梁磊中校調為砲兵六一九營營長，他的家就住在營房對面隔一條街的「影劇三村」。

現在接下來，回到九月十二日的事情經過，營長對裝備檢查結果不滿意，我說：「王士官長不聽我的話，我有什麼辦法。」晚上有人告訴我，王士官長被營長叫去罵了一頓。他到底是怎麼樣罵，我不在場，什麼都不知道。王士官長回到連上後，也沒有特別的模樣。前面說過，連上人員少，指導員，我，修護官，和二位士官長，坐同一張桌用餐。九月十三日早、午、晚三餐都沒有異常現象，半夜卻出事了。

在醫院急診室甦醒過來後，真的萬念俱灰，欲哭無淚。接連幾天，連上派班長日夜照顧，只看到我面無表情，一語不發，直到我的一位叔叔接到緊急通知趕到醫院來探視，等他離開後，我才淚如泉湧，暗自啜泣！班長一看情形不對，趕快到車站將我那位叔叔追回來，再經過約一小時的相對無言，待我心情稍為平復些才離開。

大約二個星期後，在病房陪伴我的班長告知，王士官長就在營房後面被槍斃了。聽到後什麼感覺都沒有。他罪該萬死，我為什麼要受到這樣的「懲罰」。以往無冤無仇，連爭吵都沒有過，為何如此？百思不得其解。

在外科病房住了一個月左右，醫生認為傷口已經痊癒，可以出院了，我就詢問能去什麼地方？那個部隊我絕對不願意再回去。醫生說那就先移轉到療養病房吧！

療養病房住的病患，大部分是傷殘的病人，死不了，活下去也不好過就是了。在此不必多作描述。

依照醫院作業規定，每三個月都要針對個別病人判定是否應該出院，我得到一位醫生的特別關照，讓我繼續住在醫院的療養病房。

同病房的有些病友，缺手少腿仍然努力求生存的意志力，讓我體認到必須珍惜生命，奮發自強。遂調適心態，專心準備高中功課，打算再度參加大專聯考。

一九六一年，我在考完大專聯考後請求出院，於八月初奉派陸軍供應司令部服務。

進成功大學

一九六一年，大專聯考放榜，我僥倖被錄取進入成功大學機械工程系夜間部。於是又回到了台南。從此進入生命中另一旅途。雖仍然具有軍人身分，但與平民生活，已經相差無幾了。

大學生活是否多彩多姿，我完全沒有體驗到。同班同學共有四十多位，具有軍人身分者六位，退役軍人一位，年齡都較大，和其餘正常學齡的同學，在課外活動方面，很少玩在一起。至於我自己，由於在部隊受傷的心理傷痕，仍未完全平復，除非必要，甚少參加活動。整天都在忙功課，一方面是失學多年，功課壓力太重；另一方面也是有意逃避現實。在大學求學期間，很用功讀書，每學期的成績，都在全班同學前五名之內。

一九六六年六月大學畢業，派陸軍官校數學系擔任助教一年。然後又再考入成功大學機械工程研究所碩士班。

人生的際遇、緣分，也許是真有因果關係。在大學讀書期間，國防部保留了我的軍人身分，繼續支領薪俸。當時軍人待遇菲薄，所領薪俸不夠支付學雜費用。蒙在台親友資助一些，另外擔任家庭教師，寒暑假工作，申請獎學金等，以作補助。

一九六五年，承友人介紹至台南榮民醫院，協助幾位準備插班就讀國防醫學院的醫師，補習數學約三個月，因而認識了楊良柄醫師。楊醫師為廣東同鄉，慢慢的建立了友誼，保持聯絡。

一九六六年初，梅芳辭去了台灣省衛生處的工作，因家住台南的關係，就近到台南榮民醫院擔任護士。承楊醫師介紹我倆認識，相談之下，得悉梅芳在國防醫學院高級護理班畢業，與蕭映霞女士為同班同學，大感意外。蕭女士的丈夫唐介眉是我陸軍官校同學，而且在同一個部隊同事多年。他們家就在成功大學附近。因此，經由唐介眉夫婦的幫助，梅芳和我之間，更容易互相瞭解。

一九六七年，梅芳有意應聘赴西德紅十字會工作，為珍惜雙方交往一年多的情感，我倆同意於六月十二日在台南市由她母親主持訂婚。

梅芳於一九六七年七月赴西德工作，一九六九年八月返國。這段期間，我在成功大學機械工程研究所就讀，住在研究生宿舍。除了國防部發給我軍人薪俸以外，另外由中山科學研究院補助全部學雜費及住宿費。因此，心無旁騖，專心讀書研究。這二年，可以說是我一生中最快樂的日子。如今回憶，仍然心嚮神往。

一九六九年六月，成功大學機械工程研究所畢業，獲授碩士學位。八月到中山科學研究院服務。差不多同一時間，梅芳在西德紅十字會服務二年期滿返國。我倆遂於一九六九年十一月一日，在台南市南門教會舉行婚禮。在人生的旅途中，又是另一里程。婚後生活安定，接著，怡萍、怡君、怡德，相繼出生，加入我們家庭。一家五口過著幸福快樂的生活。以往苦難的日子，已經跑到九霄雲外去了。

讀成功大學時的花絮

一九六三年一月歡送劉愚公學長畢業留念照片，可以引導出一件有趣的故事。

劉一三（愚公）曾在四川大學讀書，沒有畢業就參加「青年軍」，後來以「復學」的名義，以「四川大學學生」身分，在成功大學「寄讀」。一九六一年我進成功大學時，他就是畢業班學生了。他在成功大學從化學系轉化工系再轉數學系，每個系都留下一門必修課不選，因此不可能畢業。國防部要求他回軍中復職，都以沒畢業作理由而留下來。一直拖到一九六三年一月才正式畢業。據說：他在成功大學讀了七年，國防部特別為他修改軍官晉升辦法，將他由少校晉升為中校。希望他回軍中復職。當然，同時在大學讀書的人都沾了光，我亦受惠該項特例晉升辦法，由上尉晉升少校。由於受到軍中服務人員反映，該項特例二年後就廢止了。「愚公」之稱謂是他自己引用的。

另外一個故事，現役軍人就讀大學時，調職為陸軍總部入學學員，委託附近軍事單位代發薪俸。成功大學對現役軍人沒有學雜費用減免的辦法。張維明的薪俸，由台南師管區代發。他向台南師管區申請軍人子女就讀大專院校補助費，承辦人員查不出來相關規定是否可領，張維明就說軍人子女都可領補助費，本人當然可領。承辦人員想想不錯，就發錢了。他已領了三個學期後，被另一位同學易友棣知道了。他亦在台南師管區領薪水，所以也請領軍人子女教育補助費。承辦人員是另外一位，就說不合規定。易友棣質問為何別人可以，我就不可以，承辦人員要他舉證，他就說是張維明。結果張維明被追扣以前所領的全部補助費。

〈二〇一〇年九月三十日〉

中科院工作

國防部中山科學研究院，簡稱為中科院。一九六七年我在成功大學機械工程研究所就讀時，接受中科院學雜費用補助，畢業後便在那裡工作至一九九二年辭職為止。

一九六九年到中科院工作時，我官階少校，軍職月俸約三千元，另外研究加給三千元。初期工作無任何壓力，表現平平。除國定假日外，每週有四小時公休，可以自由選定。我利用此公休時間在外面兼課，增加一點收入。

一九七二年九月中科院公費派我赴美國聖母大學進修，一九七三年四月獲得航空工程碩士，返國後繼續從事飛彈彈道計算的研究工作。因無特定目標，工作非常輕鬆。仍然在外兼課，一直到一九七七年家庭經濟狀況改善才停下來。

在此要介紹一下陳傳鎬，他在陸軍官校二十四期畢業後，留校在我們隊上當助教，管理學生很嚴，有些同學在背後稱他為「十字鎬」。

後來陳傳鎬和我在成功大學機械工程系及機械工程研究所同班同學共七年，同時畢業到中科院，在同一個研究所，同一個組工作，住在石園眷舍同一棟樓房。同時在一九七二年出國進修。很多的同、同、同，只有一樣不同。我申請提前返國，他請求延長進修博士，後來的發展當然就會截然不同。

陳傳鎬獲得博士學位返國後，主持「衝壓引擎計畫」。他的運氣不錯，當時有位美籍華人，在美國退休後，到中科院擔任科技顧問，徵詢各單位提出意見，陳傳鎬簽出意見，聘請他擔任顧問。初期，他在陳傳鎬主持的實驗室樓上設一間辦公室，邀請一些研究人員去談話，自我介紹稱為張天錫。後來「衝壓引擎計畫」變成為「天弓飛彈計畫」，由張天錫先生擔任計畫主持人，陳傳鎬任副主持人。再後來，天弓飛彈採用固體燃料推進劑，和衝壓引擎「脫離關係」。再後來，中科院長唐君鉑將軍辭職，院長一職由參謀總長郝柏村上將兼任，張天錫先生正名為黃孝宗博士，成為中科院代理院長。

當中科院研究發展「天弓飛彈計畫」時，陳傳鎬要我負責飛彈系統模擬的工作。我當時對導引控制毫無概念，不想接受這份工作。但他認為中科院人員中，他和我都是砲兵出身，應該是比較懂飛彈的人。由我負責任，他會全力支持。執行計畫初期，關係並不很融洽，工作會議中，會有些不同的意見。後來有位同事對我說，大家都知道你們是同學，有什麼意見可以私下和他談，好讓他建立起領導威信。這真是金玉良言，自此後彼此之間就好多了。

飛彈系統模擬的工作任務，是建立模擬實驗室，用於測試飛彈系統之導引控制功能，在實彈試射之前，先行找出可能缺失，務求完善無誤，才運送到南部「九鵬基地」試射。

模擬實驗室主要單元為特殊性能的計算機，建立虛擬的飛彈系統，能夠和實體的導引控制組合元件連結，在模擬飛行的平台上，密閉的飛行環境狀況中，隔離外在環境雜訊的干擾，搜尋及鎖定模擬靶機，進行追擊直到命中。稱為計算機即時系統硬體迴路模擬。[Computer System Hardware-in-the-loop Simulation]。

飛彈系統模擬實驗室的籌建經過非常困難。從人員招募，訓練，建築需求，設備獲得，安裝測試使用等，都要一手推動。當然，上級領導，同仁合作，及其他有關單位的支援，都是完成工作任務的必要條件。自己因為缺乏在導控電子方面的知識，曾利用晚上帶着同仁到新竹交通大學研究所修習，中科院派專車接送，每星期兩次為期半年。設備安裝測試期間，為了趕上工作進度，經常晚上加班督導工作。在此期間，特別要感謝梅芳主持家中一切事務，使我可以專心工作。

飛彈系統模擬工作時程壓力特別大。由於實彈試射之前，有些行政作業，如試射場空域管制，預定試射日期等，都要向國防部報備，而各研發組多少都會有些時程落後的現象，累積下來，預備試射的飛彈送到模擬實驗室的時候，往往已經很接近預定試射日期了。若有工作不順利的清況，就會延遲預定試射日期。為了配合，幾乎都要加班，甚至國定假日都要工作。曾經有過一次，因為工作不順利一再的延後，中科院黃代院長連續幾天的下午都會到實驗室瞭解狀況，於是我對同仁表示「到銀行跑三點半」的時間又要到了。

一九八五年，中科院舉行年度工作檢討會議時，頒發績優人員獎勵，我獲頒莒光獎章乙座。稍後不久，提升飛彈系統模擬室編組位階，以強化飛彈系統模擬功能。我調升為比照一級單位副主任。

一九八六年，中科院再度舉行年度工作檢討會議時，我又獲頒六等雲麾勳章乙座。開會期間我正和同事在美國出公差，返國後院長單獨召見，說明這座雲麾勳章是頒發給作戰有功人員的，另外特別頒發獎金二十萬元，並交代不對外公開。

有關這二年中科院天弓飛彈發展情況，在郝柏村八年參謀總長日記內亦有提及。在此特別摘取與我有關聯的幾則：

【郝柏村八年參謀總長日記部分內容：

一九八五年一月十九日黃代院長報告天弓一號擬於二月上旬舉行全彈打靶。黃代院長認為模擬測試解決了困難。

一九八五年三月十四日天弓計畫南海演習，對靶機射擊時，由於靶機中途墜海，故射擊未能成功。

一九八五年三月二十二日，天弓飛彈南海演習全功能彈今日試飛成功命中靶機。

一九八六年三月二十六日天弓飛彈打靶成功。

一九八六年三月二十七日陳傳鎬少將來報告演習成果，交辦發布新聞。

一九八六年六月二十一日中科院將於下月中旬舉行年度工作檢討會，將對有功研發人員授勳並頒發獎金。指示獎金加倍發給但對外不公開】

陳傳鎬因表現卓越，晉升為陸軍少將。〔後來再調任為中正理工學院院長，晉升為陸軍中將〕。

在此處增加一點題外話，陳傳鎬對參與「天弓計畫」同仁的照顧是很用心的。計畫室同仁胡家嶺博士的父親過世，他特別請求國防部用郝柏村參謀總長名義致送輓聯，使得在左營眷區辦理的喪禮增添光彩不少。胡家嶺博士在實驗室對我談到他父親的喪禮這件事時，表示非常感謝陳傳鎬給他的體面。

另外一件是小事，卻是領導統御的大事。飛彈送達實驗室時，經常加班工作反而變為常態，官員加班沒有加班津貼，他特別交代計畫室人員，在假日加班時，用他的特別費購買午餐便當盒送到實驗室來表示慰勞。參與飛彈模擬測試的人員不少，包括了一些相關支援人員，累積下來所費不貲，聽說後來報銷都是問題。

一九八五年中科院舉行年度工作檢討會議，頒發績優人員獎勵前，總長特別點名召見。

過後幾天，我到陳傳鎬辦公室談完公事後，他問我總長點名時，有沒有向總長報告在金門六一九砲兵營參加砲戰的事？我回答說沒有。他就說了一句，為何不說呢？真笨！

我有理由相信一九八五年及一九八六年我所獲得的獎勵，他在背後一定有出力幫助。在一九八六年舉行年度工作檢討會時，我在美國出公差，他到我家裡和梅芳談話，暗示我會獲獎，並說不知道明年還能給我什麼樣的獎勵。

陳傳鎬將調任為中正理工學院院長之前，計畫室同仁準備加速飛彈試射時程以作慶賀。胡家嶺博士對我表示他對陳傳鎬非常的感謝，希望用試射飛彈的成果作為報答，要求我儘量配合。

當飛彈送達實驗室時，經過模擬測試，發現許多問題。我到陳傳鎬辦公室向他解釋發現的諸多問題。並以多年同學的情誼，建議他不宜貿然進行。我誠懇的對他說：「試射成功不過是錦上添花，倘若試射失敗則可能灰頭土臉。」請他參考。用忠言作為對他的感謝。

那枚飛彈經過再進一步模擬測試，發現試射場地對演習計畫的支援都有問題。幾乎延後將近一年才圓滿的解決。試射時，李登輝總統親臨現場。由於該枚飛彈的試射成功，接任天弓飛彈計畫主持人，因此晉升為少將。

一九八七年我上校年資屆滿限齡退伍，改為文職，被聘任為簡任技監，仍然担任相同職務及維持原有待遇，工作上一切都很順利，打算在中科院繼續工作到六十五歲再退休。

提早離開中科院是因為受到開放老兵赴大陸探親政策，以及家人移民美國的影響。

當政府開放老兵赴大陸探親時，我雖然已經限齡退伍，卻仍然受到限制，不准去大陸探親。後來准許請事假出國觀光，卻將香港排除在外。申請到香港會親亦不准許，心情因而受到影響，感到非常失望。工作上就比較沒有那麼樣賣勁了。

中科院每週六上午為政治教育時間：看華視「莒光日」節目或小組討論。有一次，要我主持小組討論，發下指導綱要：宣導開放大陸探親是人道政策。我因感觸太深，一時興起，無法控制情緒，脫稿表示無所謂人道問題，因為邏輯上說不通。若說開放探親政策是人道，則以前不開放探親就是不人道，准許老兵去大陸探親是人道，則對那仍然被禁止的人就是不人道。結果被人打小報告，差一點兒弄得不可收拾。好在工作上有些成績，沒有被大帽子壓垮。但被認為沒有執行上級政策，而受到口頭警告。據說事後政工人員寫了一份很長的檢討報告。

一九九〇年梅芳帶着孩子移民美國以後，因為經濟上的緣故，我必須繼續工作。遂修正原來的規劃，打算做到六十歲就辦理退休，但是後來情況又有了一些改變。

以前我的職務雖然是副主任，名義上有位兼任的主任，實際運作上我有很大的空間可以發揮，工作上是很愉快的。但到了一九九一年底，兼任主任不再兼任。上級長官忽視那個實驗室是我費盡心力建立的，另外派一位比我年紀還輕的人担任主任，騎在我的頭頂上。我的職務名稱及待遇雖然照舊，但很明顯的，已經不再受到重視了。錢多事少的工作很多人都想做，但我卻請求調整職務，以便辦理辭職。遂被改派為評議委員，閒差事，薪資不變。

當時中科院為了減少人員的流動性，聘任合約中有提前離職要罰三個月薪資的規定。我的聘任合約要到一九九三年才期滿，前不久就有一位醫生提前離職，被照合約處罰，有例可循。我若立即離開將按照合約受罰，故只能依照健康不良的途徑來辦理，所幸醫生和行政處長都很幫忙。

在此期間，梅芳返回台灣過年，乃將逸園房屋出售，另外在中壢買一間公寓，暫時作為我留在台灣工作時的住所。若一時間不能辭職，打算再熬一年。梅芳認為家人團聚及照顧子女較為重要。不用考慮退休金的問題。

一九九二年二月十五日，我被核准資遣，沒有被罰款，還領到十萬多元資遣費。

申請赴香港會親

一九八七年政府開放老兵赴大陸探親後，軍中的聘雇人員還是被禁止的。內心因而受到很大的衝擊。若僅因返鄉探親之故而辭職，對妻子兒女也是不負責任的作法。因此時常感到非常無奈！

一九八八年國防部明令准許軍中人員出國觀光。另據聯合報十一月二十一日刊載，「陸軍官校人員一批出國觀光，途經香港與大陸親屬會面。」遂滿懷希望能夠請事假到香港和老母親會面，以慰母子隔離四十年的掛念之情，因而於一九八九年二月二十七日提出請假報告。

報告　七十八年二月二十七日於系統發展中心

主旨：請准簡聘技監劉錫輝乙員赴香港會親，事假十五天。呈請鑒核！

說明：

一，職劉錫輝，民國二十二年三月二十三日出生，廣東省興寧縣人，民國三十八年九月隨軍來台，先後畢業於陸軍官校二十五期砲科，成功大學機械系及機械研究所。民國五十八年八月奉派至本院服務迄今。民國七十六年四月一日屆滿上校現役限齡退伍，改任簡聘技監，仍任系統發展中心飛彈模擬室副主任職務。

二，職在院服務將近二十年期間，曾參與雄風，青蜂，天劍，天弓等計畫。歷年來，奉派赴國外進修乙年及短期公差出國十餘次。並以參與天弓計畫著有績效，蒙頒發莒光甲種獎章及雲麾六等勳章各乙座。

三，自政府開放大陸探親以來，職在台灣有三位堂叔先後返鄉探親，均曾見到家母。返台後轉達家母口諭，日夜盼望職能返鄉見面。據告知，家母現由舍弟奉養，舍弟現為小學教員，收入不多，已婚，育有子女。奉養母親，衣食雖可勉強維持，生活仍然十分困苦。職曾慎重考慮，迎接家母來台居住，聊盡人子之道。唯因家母現年七十七歲，年老體弱，行動不甚方便，來台灣居住並不十分適宜。

四，職自獲悉家母現況以來，時常感到內心不安而又無可奈何。因為先父於民國三十八年八月遭匪殺害，而職隨即離家來台，原本幸福之家庭，突然破碎，對家母打擊甚大。含辛茹苦，獨自撫養幼弟成人。職身為長子，不能留在家中，為家庭稍盡棉薄，念在國難當前，家母尚能體諒。如今，開放大陸探親，家母眼見與職同時來台之叔叔，均能返鄉探親，母子思念之情，乃與日俱增。職礙於政府規定，既不能返鄉探親，復因母親年老體弱，而不能接來台灣奉養，內心之不安，可想而知。若僅因返鄉探親之故而辭職，則在此尚有能力報效國家的時候，卻輕易放棄了以往為國家奉獻四十年之一切理想，似乎愧對國家培育之恩，對妻子兒女也是不負責任的作法。因此時常感到無可奈何。

五，去年國防部明令准許軍中人員出國觀光。另據聯合報去年十一月二十一日刊載，陸軍官校人員一批出國觀光，途經香港與大陸親屬會面。職曾奉派公差出國十餘次，對出國觀光並無興趣，僅只希望趁家母目前身體狀況，尚能勉強在家人陪伴下，乘幾個小時車至香港之時機，請假參加觀光團，前往香港和家母作短期會晤，以了却一番心願。然而，依照本院頒布之出國觀光實施規定，却無法達成此一願望。職對於此一規定，深感萬分失望。因為顧慮老母親身體日漸衰弱，也許再過一些時候，想到香港會面都有困難。屆時縱使准許到香港會親，亦是枉然，而於事無補，那不是遺憾終生之事嗎？每念及此，寢食難安。

六，職民國三十八年從軍時才十七歲，沒有讀完高中，能有現在之學經歷，來為國家服務，固然要感謝國家之培育，然而，父母養育之恩，亦是不敢或忘。回憶民國四十七年八二三砲戰時，職服役陸軍砲兵六一九營三連任連附職務，在某一天砲戰中，戰況特別激烈，僅約五平方公尺面積之連指揮所被匪砲擊中，上尉副連長董玉玲，大腿被彈片切斷立刻陣亡。當時職與董上尉共同指揮射擊，並肩而坐，腳部亦輕微擦傷，真正是生死之間，一線之隔。自此以後，職對生命之意義，有較為特殊之體驗。因此，凡事聽天由命，從不特別奢求。但是，自從政府開放大陸探親以來，傳來老母親的聲聲呼喚，內心深受衝擊影響。唯對於軍中人員不得赴大陸探親之規定尚可理解，因而求得某種程度之心理平衡。但對於准許軍中人員出國觀光，卻不准許在香港會親，則覺得難於令人心服，而感到萬分失望。准許出國觀光，本來是希望鼓舞士氣，如今卻反而打擊了一部分人員之士氣，相信這不是長官樂意見到之後果。個人認為職此生已為國家服務四十年，而且以後仍有繼續服務之機會。但是，能見到老母親之機會已不太多。為了母子親情，申請十五天事假，前往香港與老母親會晤，並無違反政府政策之處，應該是合法，合理，合情之要求。更何況，政府已准許前台籍國軍返台定居，對旅居美國之反政府人士如謝清志等，亦准許其返台探親，在在顯示政府重視人道精神，可以採取一些彈性措施。因此之故，特別提出請求，請核准職事假十五天，赴香港一行。若蒙核准，更能彰顯各級長官照顧部屬無微不至之德意。職亦將感激不盡。今後定能更加努力，以報答長官之德意，並保證絕不私自潛往大陸，若有違反，願接受撤職查辦之處分。

謹呈

副主任余

副院長兼主任劉中將

職劉錫輝謹呈

這份報告親自呈送給系統發展中心副主任楊景樞少將，十多天後被退回到我手中。沒有任何人在報告上面簽註文字。楊少將僅在口頭上表示沒有辦法。

這份報告到底有那些人看過，也不知道。日前整理舊資料時發現，特別抄錄下來。作為在中科院工作後期之心理狀況的輔助說明。

〈二〇〇九年八月廿日抄錄〉

接老母親到台灣居住

自從一九四九年離開家鄉後，有將近三十年和大陸老家音訊不通。一九七二年在美國進修時，很想寫信回家。然而，從「人民日報」看到一些消息，擔心所謂「海外關係」會害了家人，不敢造次。

一九七八年，在泰國經商的劉文彬先生，他是老家同村人，赴大陸探親後，特別到台灣尋找他的弟弟。遂經由文彬的協助，得悉家中老母健在，生活困苦。乃透過朋友的協助，陸續以少量金錢接濟老母，使無衣食之虞。

一九八七年政府准許退役老兵及一般民眾赴大陸探親，幾位在一九四九年一起到台灣的堂叔，亦相繼回鄉探親。由他們傳來老母的思念及囑咐，恨不得立刻就能回到老家探親。但是因為受到限制，無法成行。心中的苦惱乃與日俱增。

一九八九年二月提出到香港和老母親會面的請假報告不獲允許後，決定讓老母親辛苦一點，依照「大陸難民救濟辦法」申請接老母親到台灣定居。

事情本來很簡單，但由於兩岸的政府都官僚，辦起來卻很麻煩。在大陸方面，以申請由我弟弟陪同老媽到香港會面的方式，經過層層關卡，才獲得到香港的通行證。另在台灣方面，則必須「大陸難民」抵達香港之後，才能向「大陸難民救濟總會駐香港機構」申請許可來台証明。

一九八九年七月底傍晚，接到老母親和二弟抵達香港的電話後，梅芳提醒我可試一試請谷家恆先生幫忙。電話接通後，他滿口承諾。第二天上午就在辦公室接到「救濟總會秘書長」張維先生電話，約定下午面談。在台北他的辦公室見面後，承辦人員告知，香港方面已付郵寄出。張秘書長囑咐請香港將案件底稿電傳過來簽辦。張秘書長非常客氣，放下公務和我閒談。等待公文辦妥後，將公文交給我，囑咐送交「入出境管理局」繼續辦理。時間已接近下班時刻，張秘書長特別電話請「入出境管理局」副局長稍留片刻，等我送交公文。抵達「入出境管理局」時，工作人員已經下班，警衛通報副局長下樓親自收下公文，答應儘速辦理。

很天真的隔天下午再到「入出境管理局」查詢辦理結果，接待處員工查不到案件文號，經說明昨晚親自交給副局長的，立即告知今天不可能會批下來。第二天下午再去查詢時，被告知案件仍然在會「安全局」辦理中。

回到家中，想運用一點關係請託，電話向軍校同學，時任聯勤總部副總司令王文燮中將詢問，有無可能幫忙向「安全局」人員請託加速會辦，他說不可能，並真情流露的說：「他X的，七老八十的老太婆，有什麼好安全查核的！」。

最後總算找到一位同學的太太在「安全局」辦業務，請託後才能於一個星期內即取得許可來台証明。當時已經傍晚，立即到航空公司購票，由航空公司先行收下許可來台証明，電傳至香港。第二天老媽即搭機來台。

那時候老媽和二弟住宿在香港九龍基督教會「平安之家」，其負責人即告訴二弟，我在台灣一定是作大官的，才能這樣快就辦好手續。其實事情就這樣湊巧，谷家恆先生是我在美國聖母大學讀書時的同學，他的尊翁谷正綱先生，以前是「大陸難民救濟總會」的理事長。這也是一個很難得的機緣。

老媽和二弟住宿在香港九龍「平安之家」是朋友介紹的，先預付五千港幣，後再付五千港幣，交代二弟結清帳單後，給三弟一千港元。

老母親於一九八九年八月四日抵達台灣，我申請到公務通行證到機門前迎接，相見恍如在夢中。老母親在台灣期間，堂叔及一些朋友都到家中來道賀，並贈送金飾，中科院政治部主任亦贈送一條金鍊子。

我曾帶老媽去參觀六福動物園，她暈車嘔吐，沒有進入園區就回家。原來想環島旅遊順便走訪親友的計畫只好作罷。恰巧森茂叔就住在附近，走路十幾分鐘就到，由他來陪老媽就再好不過了。

後來因為老母親身體衰弱，語言方面也無法和其餘家人交談，日常生活難以適應。遂於同年十二月二日，再返回大陸與弟弟家人共同生活。

在安排老母親來台的過程中，曾經表示過由二弟送到香港，由三弟到香港迎接。可是後來情況有些改變。老媽到達台灣後，原有之大陸證件，由警察局歸入檔案，另發証明辦理戶籍，取得中華民國國民身分證。然而，老媽並非真正要來台定居，當她意欲返回大陸時，必須辦理出國有關文件。本來打算由梅芳護送至香港交給三弟的，卻因老媽在台灣居住未滿一年，香港政府不發入港簽證，於是就麻煩了。依照當時政府的規定，因為我的身分，梅芳是不准到大陸去的。商請森泉叔叔護送老媽返鄉，他不贊同。最後只好決定由梅芳護送至香港，轉機至廣州交給二弟。老媽原來持有之大陸證件，則仍然透過「大陸難民救濟總會」張秘書長的協助，出具公函到警察局領回。由於這些緣故，乃交代老媽回家後，不必多談梅芳護送她到廣州之事，以免消息傳回台灣增添麻煩。正因為這些他人不容易瞭解的情節，再加上老媽返鄉時攜帶一千美元，及親友送的一些金飾，我只說明那是給她的，她怎麼樣用由她決定。於是又造成老家的兩位弟弟之間的矛盾。消息傳來，真是感到悲哀。一場相隔了整整四十年的母子重逢，相聚短短的四個月，卻帶來這麼多的不愉快，真是沒有料想到的結果。究竟我錯在那裡呢？

如今時過境遷再作檢討，我是錯了！錯在未能體會當時老家的狀況。那時候的一千美元大概可轉換成一萬元人民幣，他們的月薪才幾百元人民幣。老母親和二弟共同生活，就全部交給二弟，他又不懂得人情世故，想全部獨得，於是就產生矛盾了。

老母親在台灣居留期間，承告知分別後之家鄉種種情形，實在為老母親所承受之苦難而感到悲傷。談到一九四九年父親被殺害的往事，老母親先是一陣痛哭，稍後卻以非常平靜的語氣對我說，因為父親曾經在國民黨政府做過事，共產黨來了以後，也是死路一條。老人家對於所遭受的一切苦難，都歸因於命運。對於我被迫當兵一事，亦表示留在家鄉也沒有好日子過。經過老母親這樣一說，我雖然無法同意父親終歸要死路一條的說法，但也為老母親能夠將悲慟化解而感到慶幸。幾十年來隱藏在我內心深處的痛苦包袱，也因而減輕了許多。老母親近年來信奉基督教，對心理健康甚有幫助。〈一九九六年七月寫於美國加州寓所〉。

婆婆在台灣的日子

李梅芳

我常常用作母親的心，想像一個十七歲的兒子被抓走，彼此都知道還活著，但卻受到不能通訊，不能見面的煎熬。

政府一開放探親，錫輝就很焦急的想回老家去見老母親，卻受到限制，因而鬱鬱不樂。後來准許軍公教人員出國觀光，他就想到香港和老母親會面，卻亦不允許，感到非常失望，所以就決心排除萬難，接老母親來台。那時候，他很起勁的托人辦手續，整個人都活過來了。我常說他把心留在大陸沒帶出來。

當確定可以成行時，我們有一大堆計畫，包括把客房改成像老家的床鋪。至少要到各處走走，看看老鄉，讓她這輩子再也不愁吃，不愁穿。結果從飛機上走出來的婆婆，是個好幾個小時沒吃、沒喝。身上沒有錢，又不知道飛機上餐飲免費。身高不到一百四十公分，體重不足三十五公斤，彎腰，沒牙。錫輝還說過他生病時，她曾經揹他走山路到鎮上看醫生。與照片中的影像落差極大。帶個布巾包幾件換洗衣服，還有鹽水泡過的鹹蛋。為了看兒子存下來的。只會說客家話，見面後最想吃的是瘦豬肉。至於衣服，買不到現成的，也找不到裁縫師，會做她穿著的沒拉鏈沒扣子的唐裝。她一再強調給錢回大陸做衣服較便宜。至於觀光旅遊，她沒有意願，又會暈車。只能勞駕親友前來拜訪。

慢慢的日子回歸正常。每天她早起唱聖歌，「晚年村裡有人傳教，她信了耶穌。」等兒子一起吃早飯。然後，上班的上班，上學的上學。她會掃掃院子裡的落葉，看看電視。非常喜歡「黑盒子」會演戲，連「莒光日」教學節目都看得津津有味。晚飯後跟兒子到茶園散散步，日子過得平淡幸福。

家裡遭過小偷，所以養一條德國種狼犬，另外還有牧羊犬，及土狗。最多時連一窩小狗共超過十隻。她看我每次煮一大鍋雞頭，雞屁股，就說：「要吃狗肉，去買就好，不用養這麼多，浪費糧食。」沒想到這次大家都聽懂了，阿德淚眼汪汪。我想到就好笑，因為雞屁股是她喜歡的食物之一。她還喜愛甜食，我們的女兒在桃園市上高中，常常順路帶甜點回來，她每次都笑得很開心。

慢慢地，她想回大陸老家。錫輝也知道不能強留。這次由我護送，先訂好廣州花園酒店三天。老家的老二祖孫三代來接機。廣州機場燈火暗淡，旅館還有公安管制，要有台胞帶路才能到房間。我們在免稅商店買蠶絲被三大件，還有從台灣帶去大件行李，風風光光的回去。

在桃園機場辦完登機手續後，錫輝特地帶她繞到提款機前，把卡片插進去後告訴她說：「你看卡片插進去，錢就會出來。你不用擔心錢。」還保證部長領多少錢，他就會給多少生活費。

我非常慶幸有機會能夠和婆婆見到面。想想很多人在大陸和親人一別就是永訣。我們曾向八國聯軍索賠，亦曾要求日本道歉。但對這麼多非自願，被強迫選邊站的國共戰爭的受害者及家屬，道義正義在那裡？

移民美國

因為梅芳的弟弟李武雄早年到美國留學，然後在美國就業，成為美國公民。遂由李武雄提出申請兄弟姐妹移民美國申請書。

一九九〇年，美國在台協會通知，接受我們移民美國的申請，時間上是這樣的湊巧。因為到年底，怡德就要受到兵役法的管制，不能離開台灣出國了。七月十四日，梅芳率子女來美定居。我則暫時留在台灣繼續工作。

一九九〇年聖誕節假期，梅芳和子女返回台灣相聚，向時任兵役司長的同學查詢，有無可能讓怡德在台灣渡過新年假期後幾天，再出境到美國，得到千萬不要去碰這個關卡的訊息，他無法幫忙。梅芳和怡德，遂匆匆忙忙的在十二月三十日速即再離開台灣，二位女兒沒有兵役問題，留下陪我過新年後再赴美國。

一九九一年五月，我請事假二十二天，到美國團聚。

一九九一年底，已經在思考辭掉工作，梅芳返回台灣，協助處理出售逸園房屋的有關事務。

一九九二年二月，中科院批准我辭職。於二月底與梅芳同赴大陸探親，然後來美國定居。移民美國的生活，真是所謂「寒天飲冰水，點滴在心頭。」我常常和朋友說，移民好比移植樹木。假如是一株小樹，很快就能夠適應新的土壤，茁壯長大。但是，假如移植的是一顆老樹，則它已經在原來的土地上盤根錯節，勉強的將它移植到另一個土地上，其困難度是可想而知的。然而無論如何，移民初期的困難總算是熬過來了。

二〇〇九年我和梅芳返回老家和親友相聚時，曾任國小教員的堂弟裕祥撰寫了〈游子回鄉〉七言詩，準備用紅紙書寫貼在祖屋大廳宴席地點。我表示當時不是隨波逐流到台灣，而是後來「隨波逐流到美國」倒是真的。雖然「到美國」並不是我的夢，但沒有人用槍逼著我走。我只更改了裕祥撰寫的〈游子回鄉〉二句話，情境涵義便完全不同。

裕祥撰寫的〈游子回鄉〉

隨波逐流到台灣，身歷苦難萬萬千。戎馬生涯真兇險，此命差點到黃泉。

經國掌權換了天，赴美留學再回台。成家立業育兒女，祈望回鄉報親恩。

兩岸解凍暖回春，終於到家見母親。兄弟叔侄互不識，歲月流逝不復回。

父母恩情似海深，兒女孝敬責任重。感謝兄弟盡孝道，手足之情心連心。

我建議修改的〈游子回鄉〉

荒謬無奈到台灣，身歷苦難萬萬千。戎馬生涯真兇險，此命差點到黃泉。
棄武就文改出路，赴美留學再回台。成家立業育兒女，祈望回鄉報親恩。
兩岸解凍暖回春，終於到家見母親。兄弟叔侄互不識，歲月流逝不復回。
父母恩情似海深，兒女孝敬責任重。感謝兄弟盡孝道，手足之情心連心。

大陸探親

自從一九九二年退休後，每年返回大陸一次或二次，都是從台灣飛到香港，轉機飛到梅縣，直接回到老家。除了到過深圳、廣州一次以外，從未到過大陸其他地方，可以說是純粹為了探親。

每次回到老家，大約都只停留一星期或十天，因為老母親只願意和二弟家人共同生活，我就住在二弟平常住的房間。老屋是人畜雜居，所以住房隔壁就是豬舍。他們習慣了那種方式，不思改變，我只得「入境隨俗」。特別感到困難的部分，是衛生間。在廚房角落洗澡，尚可適應，唯獨茅坑，實在無法忍受，蹲下去非常困難。飲食方面，儘量邀三弟夫婦共聚，離別時我會留下老母親的生活費，另外給兩位弟弟「紅包」，希望慢慢撫平以往由於我的粗心大意，所造成他們倆之間的矛盾。

因為李登輝總統在康乃爾大學發表的演說，一九九六年中共對台灣外海發射二枚飛彈示警。那年探親時除了給老母親生活費外，另外拿出二千美元，交給二位弟弟，用他們倆的名義，分別各自存入銀行一千美元，言明若因兩岸再次開戰時，專作奉養老母親之用。過了幾年後，他們倆要求提出來使用，承諾會奉養老母親，我就同意了。

二〇〇〇年返鄉時，聽三弟談到他們倆夫婦到北京旅遊的事，才下決心於二〇〇〇年十二月，和梅芳參加旅遊團到北京、上海一遊。

二〇〇一年十月，梅芳和我再度到大陸長江旅遊，回程經過廣州，順道返鄉探親。回到家中，看到老媽滿面愁容，猜想是因為二弟媳患糖尿病很嚴重的緣故。年底接到二弟媳病逝的消息時，即意料到老媽可能心理上會受到打擊。果然不久，老媽便生病無法起床。二〇〇二年四月二十五日，老母親終於離開了我們，享年九十歲。老人家一生辛勞，晚年並未享受清福。

回憶我在水口三中讀書時，有一次生病發高燒，是媽媽將我揹回家的。那時候，從學校回家，必須先走一段路，搭渡船過一條河，再爬過二座山。山路只是一條小徑，崎嶇不平，上坡下坡，那是多麼的辛苦。可是當她年老生病躺在床上時，我卻遠在海外，無法返回家鄉親自侍奉。只能時刻掛念，擔心她隨時會離開我們而去。該慚愧啊！

俗語說：「人生如戲」，真是這樣子嗎？然則，我現已年滿七十歲。檢視以往所演角色，實在難以自我評鑑。只能說，感謝父母給了我聰明才智，而我自己也努力過罷了。

〈二〇〇二年十月廿六日補記〉

我的家庭生活

時間過得真快，自一九九〇年家人移民來美，迄二〇〇八年已經十八年。回憶當年提前退休，因不適應退休後的生活，總覺得放棄了那份工作有點可惜。如今回過頭來想想，提前享受這些年來的悠閒生活，或許是上天的恩賜吧！真感謝！

二〇〇八年八月八日，怡君與黃志凱在舊金山市公證結婚，並在PaloAlto一個小型花園聚會，招待親友，完成終身大事。新婚夫婦復於十一月二十三日，在臺灣高雄市國賓大飯店設宴款待親友，我們全家人都回臺灣參加喜筵，算是我們移民來美後，在臺灣最大的一次親友聚會。

十二月二十四日，怡德由紐約任教的學校返回家中過聖誕節。怡君夫婦及李曉湉參加晚餐。怡德問起怡君夫婦在泰國渡蜜月，剛巧遇上泰國曼谷機場被抗議民眾佔領被迫關閉十多天的事，大家開懷大笑。我遂提起當年我們結婚的蜜月，只是從中壢坐公車到龍潭石門水庫遊玩，孩子們都不敢置信。如今時過境遷，回憶當年，確實太窮了，我們能有現在的環境，得來不易，願作一些補充說明。

一九六九年十一月一日，我們結婚時，租了一間新建完成的公寓，中壢市平安新村二巷一號，樓上二個房間，樓下客廳、廚房、浴室，僅有簡單的傢俱。

結婚一個月後，梅芳出國赴美旅遊再赴西德工作。我一個人住在新居，照常到龍潭中科院上班。因為那時候軍眷出國要先經過國防部核准，梅芳未通過這個程序出國，辦公室沒有人知道，而我亦不敢對別人說。那時上班，從家裏要走三十分鐘的路到新竹客運招呼站搭客運車。等車時，有位同事談起分期付款買房子的情形，都認為物價房價一直在漲，不可能存夠錢才買房子。我當時才剛進中科院，月薪連研究加給尚不足六千元，又無積蓄。幸蒙劉金新兄借給我五萬元，遂購入一戶興建中的新國光一村預售屋。合約總價約十五萬元，含貸款四萬八千元。自備款依照工程進度分期付款。新建房屋初步完工交屋後，在周邊道路尚未完成及自來水尚未接通之情況下，為了節省在平安新村的租金，於一九七〇年四月遷入居住。反正就是自己一個人，縱使生活上有些不方便，也得忍耐。因此，一九七〇年梅芳再由西德返國時，就住入中壢新國光一村的新家了。

因為買房子欠債的關係，為增加收入而謀兼課的工作。承蒙鄒成虎同學介紹到他岳父有關係的龍華工專兼任副教授，於一九七〇年八月至一九七二年六月，利用每週半天的休假時間，前往授課。在此同一時間，中壢南亞工專因師資缺乏，採取星期日上課，星期一放假的辦法延攬教員兼課，經友人介紹前往兼任講師一年，星期日上午上課。兩個學校的課程都是學校安排的，自己在成功大學唸過，屬於現買現賣的方式，膽子也夠大的了。

一九七一年三月至一九七二年八月，應中正理工學院之聘講授工程數學，則是教學相長，受益良多。一九七二年九月赴美國聖母大學進修時，因工程數學為碩士必修學分，選修後發現採用之課本，竟是我在中正理工學院教過的相同課本，真覺得受用無窮。在聖母大學二個學期，修滿三十個學分取得碩士學位，提前於一九七三年五月返回臺灣。

一九七三年八月起，仍在龍華工專兼課一年。一九七四年八月起，在中壢中原理工學院兼課至一九七七年一月之後，因家庭經濟情況已有很大的改善，遂不再為了鐘點費而兼課了。至於一九八一年及一九八二年，在中原理工學院電機研究所兼課，則與自己從事研究的範圍有關，另作他論。

梅芳在一九七〇年從德國回來後，曾經在桃園聖保羅醫院任護士職，由中壢騎摩托車上下班。後於一九七一年四月進入中科院石園醫院任護士。當時，中科院在石園宿舍興建完成二十四戶公寓，我以夫妻均在院工作的條件，優先獲得承租權。遂于一九七一年六月遷入居住。因此，我們在短短的不到二年期間，住過三間新房子，算是很幸運了。

中壢新國光一村的房子，原簽合約包括二十年期國民住宅低利貸款，由建築商負責代辦。後來建商無法取得貸款，雙方協議將四萬八千元貸款部分，改付現金兩萬四千元，結束合約，取得產權全部。因此，一九七〇年購進成本約為十三萬元。一九七一年我們遷入石園後，房屋暫時出租，至一九七三年以四十二萬元出售，獲利頗豐。接著不久，在桃園市以六十七萬元購入一戶房子，則於數年後，以原價出售，得款用於建造逸園的房子。

逸園之土地原來是茶園。中科院成立時，為鼓勵員工就近居住，由中科院向農民購得該茶園，並分割成可供建築房屋之一百坪或兩百坪之區塊，由員工承購。當時約為一百坪一萬元。我進入中科院時，該批土地，早已被承購完畢。但因該地區當時交通並不方便，很多人承購土地後並未興建房屋。我們於一九七七年，以三十四萬元向同事轉讓得一塊兩百坪之土地，委託建築商建造房屋，於一九七八年完成遷入居住。怡萍當時開始上石門國小一年級。

一九九一年底出售逸園的房子後，才有能力買下在美國及在中壢平鎮的房子（當時我仍在中科院工作）。

美國加州的房子，始建於一九八五年，我們於一九九二年購入。四房二衛，勉強夠我們一家人居住。尤其是怡萍婚後住南加州，怡德住學校附近公寓，家中僅二老及怡君居住，房屋應該很寬裕了。但是，二〇〇四年九月，本意只想將怡君住的房間改建加大的，後來竟同時將廚房浴室一起改建，與承包商簽訂合約，規定一百二十天完成。由於自己對美國法律知識的不足，所簽合約不夠完善，後來承包商違約，造成嚴重困難。最後在妥協的情況下，於二〇〇五年十月完工。而承包商則在完工後不久才因癌症去世。對於我們來說，算是不幸中之大幸了。這次事件，是我們來美後最大的折磨及痛苦的一年，精神及身體健康均受損害。

美國的醫療保險制度非常複雜。我們沒有在美國工作，繳納社會安全保險稅，必須自付全額的醫療保險費。保險費年年增加，二〇〇八年，夫妻二人的保險費將近一萬三千美元。

看醫生還得另外付掛號費及藥費。再加上房屋稅亦是年年增加，僅此兩項支出，幾乎就用掉了我全年的退休俸。這是我移民來美國時沒有料想到的情況。所幸我們賣逸園房子賺了一點錢，有點積蓄，加上近年來，子女均已就業，資助我們一些生活費用，目前生活上尚無困難。

美國醫療保險費雖然高，醫療費用更驚人。梅芳的脊椎骨有問題，已經發現好幾年了。以前沒有參加醫療保險，一直拖著沒有治療。後來狀況日益嚴重，乃於二〇〇七年二月，在史丹佛醫院，由神經外科名醫張光雄主持手術治療。才住院三天就出院回家休養，醫院帳單十三萬多美元及醫生帳單三萬多美元，總共約十六萬五千美元。幸有保險，僅自付約八千美元，其餘由保險給付。

有鑒於美國醫療費用之昂貴，二〇〇七年底在臺灣時，將中壢的房子出售，另外在桃園市購入一戶房子，添置傢俱。因每年都回臺灣領退休俸，需要有個住的地方。將來假如在美國實在住不下去，就再搬回臺灣，這是留給自己另一個選擇的機會。

二〇〇九年三月初，本來已經確定三月底先回台灣，然後四月初參加馬來西亞旅行團，四月底再回大陸老家看看，機票都已買好了。但因為梅芳頸椎問題，於旅行前去看醫生，診斷建議開刀，遂決定取消旅遊計畫。於三月十九日仍由張光雄大夫主持手術，情況相當良好。唯年紀大了，體力差，復元困難，較為辛苦。

自一九四九年離開老家，一瞬間就已經過了六十年。今年沒有回去，以後就難說了。世事難料，只這兩個月就變化多端。四月底我回台灣處理瑣事並修補假牙，五月初立即回美，以便協助梅芳復健。

二〇〇九年五月十五日的朝鮮日報中文網，有一篇評論美國醫療保險制度的文章，主要論點為看醫生貴又難。梅芳這次開刀醫療費用又花費約十一萬美元，大部分由保險給付，僅自付約兩千一百廿美元。在我們的情況是得到了醫療保險的好處，否則真的要陷入困境。

二〇〇九年八月二十一日，梅芳和我參加歐州巡遊多瑙河十六天的旅行團，同行有梅芳的弟弟李武雄夫婦。遊輪每站靠岸都有陸地之參觀行程，梅芳藉助行器之助，跟著團隊走，比我在出發前想像到的情況好得很多，我們於九月七日安全返回家中，此次旅遊費用的半數由二位女兒資助。

〈二〇〇九年九月九日補記〉

我的父親

我的父親劉展文〈1908/7/18~1949/7〉在我腦海裡的印象是很模糊不清的。我對他的生平事蹟，所知非常有限，只知道我出生前他在水口教書。而且和他的同事楊先生相約，二人的嬰兒出生後為結拜兄弟姐妹或夫妻。所以我一出生就有了童養媳。

我五歲時，父親在村中私塾教書，我隨班附讀。後來楊先生亦在那裡教過，不知道是否為代課。父親在我約八、九歲時在韶關稅捐處工作，那是在我童年記憶中，家裡境況較為好些的幾年。他穿著講究，沒有下田做過農事，很少在家，完全不像在農村裡的人。若在家時，他不會到厨房，飯要送到他住的房間。吃完後，碗筷都是要家人來收。我十歲以後，不知道他做的是什麼事，我也是在外面讀書，很少見到他。我很怕他，很少和他說話。我考入水口三中時，成績不好，據說是因為他和校長很熟才錄取的。一九四八年初中畢業那年，畢業考前和同學討論，覺得將來毫無前途，不如去參加青年軍，遂和五、六位同班同學離校出走到興寧。因為同班的妙松叔回店告知，後由妙燊叔到興寧把我押回學校。到校後立即參加畢業考試，他在校長室等了很久，校長將我的第一份考卷給他看過後才離開。過了幾天後在家見面時，頭上還挨了一疙瘩，讓我留下深刻的印象。一九四八年他在水口開店，但他很少在那店裡。一九四九年，胡璉的部隊經過老家時，搶劫糧食，他口頭表示抗議，竟在家門前被槍殺。這個悲慘帶給我們全家人的傷痛，是無法可以彌補的。我的一生都受此影響。

我現在仍然保存一份陸軍官校學生自傳影印本，那是因為申請國防部「華夏貸款」時，若有士兵年資証明，可以優先核准，而特別在一九七八年一月十六日到官校找出檔案，另由官校據此出具公文証明我的士兵年資。自傳中有些不正確的敘述。因為軍官學校報考資格要高中同等學力，我由當兵的營長保荐高中肄業。在自傳中謊稱曾就讀興寧高中一年，或許可以原諒。但是敘述……民國三十八年夏，共匪南渡，水口本為不毛之地亦遭其害。更在七月間，我父親因曾服務黨政機關而慘遭殺害。而今思之，令人髮指。我為報家仇雪國恥，終於拜別了年老的慈母，離開了天真活潑的弟弟妹妹，離開了可愛的家園，加入了革命陣營……這一部分就太離譜了。明明是被抓當兵的，那裡是為報家仇雪國恥。真荒謬！

王永慶的女婿，簡明仁先生，在一九九五年一月二十六日自立晚報登載一篇短文〈解脫〉。據稱他的父親簡吉先生為了貧苦的農民走上政治不歸路，終其一生不斷與當權者爭取農民權益，在被日本人迫害，囚禁十多年之後，最後卻死在國民黨政府的獄中，而他母親陳何女士又因此一生顛沛流離。簡先生說，很多人問他會不會恨國民黨？他曾仔細思考，卻發現沒有一個確切的對象可以恨，恨也無從恨起！很多事情常常是一連串的小荒謬所造成的大荒謬，大悲劇。

我在這裡引述簡先生說的話，是想用同樣的話向我的父親之靈告解，來求得我自己的心中安寧，並此告知我的子女及立云侄。

〈二〇〇九年八月十五日〉

緣分

以前收到一件電郵，談到父母子女是今生今世的緣分。其實，夫妻更是要緣分。

梅芳和我的緣分，大概是命中注定的。否則，為何我會認識榮民醫院的楊良炳醫師呢？那就是機緣。若不是梅芳恰巧那時到榮民醫院工作，就不可能由楊醫師介紹認識。若不是談話時又得悉，她的同學蕭映霞和唐介眉夫婦，居然是我們都熟識的好朋友，第二天晚上，就不會不約而同，一前一後的到唐家去聊天。那就是緣分。

先打個叉，聊聊楊醫師先前介紹的一位姓趙的護士，見面時當著楊醫師的面約她看電影，約好時間在電影院門口會面，她遲到半個多小時沒有露面，我就一個人二張票看完電影。後來楊醫師問她電影如何，她竟說我請她看電影卻「黃牛」，我知道後，寫信說明沒有「黃牛」並附上那天的電影票作証據，她沒回信，當然就不會有下文了。後來她知道梅芳和我認識後，竟敢酸味十足的對梅芳說，劉某人是她不要的。幸好梅芳回嗆她：「你丟我檢，沒什麼」。這款女人，真愚蠢，不過是見過一面，連一起看場電影的機會都不能把握住，又不能自知究竟是誰不要誰，還要自己鬧笑話丟臉。

再打個叉，一九七二年，唐江濤和我同一班飛機赴美進修，他和我以前並不認識。他出國進修博士學位，於一九七四年暑假返台渡假省親住石園招待所。那時我們住在石園眷舍，散步時在路上巧遇，他說他的太太朱鳳芝認識我，梅芳問起緣由，我就說那是一位筆友。其實，那是一件非常可笑的事情。朱鳳芝在榮民醫院當佐理護士時，有人介紹我認識另一位佐理護士，曾一起到台南赤崁樓遊玩，後來沒有繼續約會。朱鳳芝和那位小姐是同學，特別寫信來介紹那位小姐多麼的優秀，鼓勵我要加油，並要求我不要回信給她，弄得我莫名其妙。所以實際上，不能稱為筆友，根本就只有那麼一封信而已。後來梅芳每次在電視上看到立法委員朱鳳芝，都會說你的筆友上電視了。

再說個真是沒有緣分的故事。劉金新的妻弟管輝生，和表妹結婚。岳母亦是姑母，和另一位表妹，印尼華僑來台，一起住在新竹。那幾年成功大學的寒暑假，我都住在金新家。金新曾邀我到管府作客多次。我自己亦單獨去過。當時管輝生任工兵學校校長隨從參謀，他曾經弄到二張免費火車對號車票寄給我，邀我去他們家玩。我沒有和那位小姐約會過，但曾請他們家一起看過電影。她在台北讀師範學校，我成大畢業時，她亦師範畢業。稍後，管輝生曾經到金新家中，有過很明確的提議。假如不是和梅芳認識，事情如何發展就不知道了。後來管輝生的兒子結婚請客時，梅芳和我一同參加喜宴，同桌的一位同鄉非常鹵莽，竟當著梅芳的面，說我和那位小姐沒有緣分。

婚姻，姻緣，是因為有緣，才會結為夫婦。緣分好不好，要看各人的造化。普天之下，完全圓滿的婚姻，不可能很多。

唐介眉和我是官校同學，在同一部隊服務好多年，非常熟識的朋友。他婚後住在陸軍第四總醫院旁邊，離成功大學很近。我曾經多次到他們家聊天。在認識梅芳之後，我曾問過唐介眉，為何他沒有想到介紹梅芳和我認識。他說：「你們倆位的個性是天南地北之差，怎麼會碰在一起的。」旁觀者清，他說的大概很有道理。

我認識梅芳時已將近大學畢業了，陸軍總部原來要派我到桃園縣中正理工學院，是我到陸總部要求改派到鳳山陸軍官校服務的。台南和鳳山距離不遠，放假時可以常相聚會，時間晚了，就在台南空軍新生社住宿。那是軍人出差住宿的地方，設備簡單，收費便宜，離開她家又近，非常方便。後來我考上成功大學研究所，她要去德國當護士。倆人決定先訂婚。在分別的二年期間，經常書信來往。我研究所畢業後，住金新家等待派職令到中山科學院服務時，接到她要回國的信。只說那一天離開德國，沒有說那天會回到台灣。結果，她在泰國多玩了幾天，我就在台北松山機場，癡癡的多等了幾天。我官校同學李建白在機場安全部門服務，就在海關的樓上辦公。他讓我在樓上窗口邊坐著等人。當我看見梅芳進入海關時，李建白就下樓到她旁邊一站，行李就不用檢查了。但是她帶回的收音機，要送到電信總局截除一部分頻寬，以免接收到大陸匪區的節目。李建白職位不高，幫不上忙。在台北吃完晚飯，我護送她回台南，仍住空軍新生社。第二天陪她去電信總局領收音機時，她在櫃台對職員大聲批評，我在旁邊多嘴，當場被刮鬍子不要多管閒事。第三天，我即北上到中山科學院報到上班。同時冷靜的思考將來的可能性。十多天後，梅芳由林桂蘭陪同到中科院來找我，已經下班了，而且我是新進人員，沒有多少人認識我。但是巧得很，大門警衛室的總值日官是袁廷才，成大同學，遂由他用腳踏車載她倆到石園宿舍找到我，安排她倆人到招待所住宿。第二天，林桂蘭就回台南。梅芳留下來後，才和我靜心的討論到結婚的問題。

結婚後才一個月，梅芳就鬧著要再出國。她要再出國的原因，我到現在都不瞭解。起初我以為是她對婚姻不滿意，那就一切隨緣，由她去吧！但她到美國後卻來信說，在包鞋子的報紙上看到房屋廣告，要我去看看，合適就買下來。又不像有婚姻危機。

我說的命中注定，是指我的整個人生旅途，都是坎坷不平。特別是在這條婚姻道路上，一路走來，走得有點搖搖擺擺。那不是一條康莊大道，有坦途，有險坡。有快樂，也有挫折。當然有感謝，而且感謝很多。婚前，李蘭英就曾預告我們婚後生活會多彩多姿，只是沒有料想到是這樣子的多彩多姿。這不就應了唐介眉說的話，兩位個性相差像天南地北的人，怎麼會碰到一起的。能說不是命中注定了的嗎！

從一九六六年認識迄今，已歷四十四載寒暑。春夏秋冬，變化萬千。梅芳在興緻好時曾說過，我能夠娶到她要躲到床舖底下偷笑，我也說過彼此彼此。

在此，我要引述國父孫中山先生的名言：「天下事不如意者常十之八九」。同時我要申明，願意依照台積電公司董事長張忠謀先生說的：「常想一二，不思八九」作為自勉。

〈二〇一〇年一月卅一日〉

父母子女的緣分

龍應台的書〈背影〉，散文體裁。描述她和父母及子女的生活點滴。有人製作了一份PPS圖片〈父母子女是今生今世的緣分〉。

二〇一三年三月初，得知怡萍一家要參加Disney郵輪由休士頓至迪斯耐世界旅遊，梅芳亦想參加並要求訂有陽台能看到海的艙位，我立即行動。先安排將信用卡限額提高，並交代Eric代為訂位。想不到他竟能說服訂位人員減價，讓我們以半價兩千八百六十八元得到有陽台的艙位。他們的艙位在同一層，無陽台卻付了四千多元。接著怡君替我們安排至休士頓的來回機票及旅館，另外給我們三千元作為生日賀禮。適逢天公作美，那幾天風平浪靜，氣候良好，完全沒有以往乘坐郵輪的暈船現象。因此這趟旅遊真實的享受到了愉快。

四月初回到家時，收到太極皇宮賭場旅遊領隊的留言，詢問是否參加四月十八至二十日太極皇宮賭場三十週年慶旅遊，因為怡德的行程，我們放棄了。

另外在三月初，眼科醫生建議我要作白內障手術改善視力時，得知怡德將於四月中回家，梅芳主張把握住機會安排我的白內障手術時間，讓怡德陪同駕車照料。後來事與願違，醫生時間無法配合。梅芳遂希望由怡德駕車，我們去太極皇宮賭場。怡德在四月十九深夜返家，二十及二十一日他已安排與朋友聚會，去太極皇宮賭場就不可能了。二十二日梅芳提出去Filoli Garden參觀，抵達後才發現週一不開放，臨時改變行程到半月灣遊覽並午餐。在閒聊時，怡德談起小時候，我沒有給他當馬騎過，引發興趣寫下這篇〈父母子女的緣分〉

我和父親的緣分實在單薄。我五歲時，父親在村中私塾教書，我隨班附讀。那幾年大概就是和父親最親近的時間。午餐由家裡送來，我和父親一起吃。在我約八、九歲時父親在韶關稅捐處工作，那是在我童年記憶中，家裡境況較為好些的時候。我十歲以後，在水口讀小學五、六年級時，在堂叔店中寄宿，偶而可以見到父親。我考入水口三中時，成績不好，據說是因為他和校長很熟才錄取的。初中畢業那年，畢業考前和同學討論，覺得將來毫無前途，不如去參加青年軍，遂和幾位同學離校出走到興寧，被妙燊叔到興寧把我押回學校。到校後立即參加畢業考試，父親在校長室等了很久，校長將我的第一份考卷給他看過後才離開。過了幾天後在家見面時，頭上還挨了一疙瘩，使我留下深刻的印象。一九四九年，胡璉的部隊經過老家時，搶劫糧食，他口頭表示抗議，竟在家門前被槍殺。當時我逃往外婆家中躲避，連他的最後一面都沒見到。

我和母親的緣分較父親稍為厚實一些。小時候都是母親在照顧，她身體強健，操持家務。一大家人的生活都是她在張羅。

一九四九年我被抓當兵時，曾經在水口三中停留七天，老母親悲傷得無法前來見面。到金門當兵後經由在香港的朋友轉信，曾和家中通過一封信，以後便音訊不通。

一九七八年，經由在泰國經商的劉文彬先生的協助，和老家取得連絡。乃透過朋友的協助，陸續以少量金錢接濟老母，使無衣食之虞。

一九八七年政府雖然開放老兵可以赴大陸探親，但現役軍人及一些其他人仍然禁止。後來准許軍公教人員出國觀光，卻將香港排除在外。申請事假赴香港和母親會面都不同意。乃依照「大陸難民來台辦法」申請老母親來台定居。

一九八九年八月四日老母親抵達台灣，一別重逢竟然就是整四十年。因為老母親身體衰弱，語言方面也無法和其餘家人交談，日常生活難以適應。遂於同年十二月二日，再返回大陸與弟弟家人共同生活。

自從一九九二年退休後，每年返回大陸一、二次，都是台灣、香港、梅縣，直接回到老家。除了到過深圳、廣州一次以外，從未到過大陸其他地方，可以說是純粹為了探親。直到二〇〇〇年返鄉時，聽三弟談到他們倆夫婦到北京旅遊的事，才下決心於二〇〇〇年十二月，和梅芳參加旅遊團到北京上海旅遊。

二〇〇一年十月，梅芳和我再度到大陸長江旅遊，回程經過廣州，順道返鄉探親。回到家中，看到老媽滿面愁容，猜想是因為二弟媳患糖尿病很嚴重的緣故。年底接到二弟媳病逝的消息時，即意料到老媽可能心理上會受到打擊。果然不久，老媽便生病無法起床。二〇〇二年四月二十五日，老母親終於離開了我們，享年九十歲。

因為李登輝在康乃爾大學發表的演說，一九九六年中共對台灣外海發射二枚飛彈示警。擔心兩岸再度隔離。那年探親時除了給老母親生活費外，另外拿出兩千美元用二位弟弟名義，分別各自存入銀行一千美元，言明若因兩岸再次開戰時，專作奉養老母親之用。後來他們倆要求提出來使用，承諾會奉養老母親。所以老母親逝世時，我要求三兄弟平均分攤辦理喪事費用，共同對老母親盡最後一份責任。本來他們倆之間的不愉快應該從此以後就結束了，可是後遺症仍然存在。

二〇〇九年得悉老家祖屋大廳重修完工，引起再次返鄉的念頭。那趟旅行我很感謝立云侄的照料，從深圳接機到他家住一晚，然後開車陪伴我們到老家，又開車戴我們到梅縣旅遊，然後再開車送回深圳，再在他家住一晚，第二天才送至機場，所以那趟行程非常順利。回到老家的第三天，我們出錢辦桌宴請親友，席開六桌，大家都很高興，但是晚上三兄弟閒談時，三弟又重提他們倆之間的過節，就有點不合適了。他也許沒有惡意，但假如他不再提起那些不愉快的事，該多好！實際上他人品不壞，村里事務也很熱心辦理。

我和子女的緣分，該從一九六九年梅芳與我結婚談起。婚後約一個月，她再赴西德工作一年。一九七〇年梅芳再從德國回來後，先到桃園聖保祿醫院服務，再到石園醫院服務。據說先前有位護理員生產請假一個月，假期滿後再辭職，造成護理人員輪班有困難，醫院主管周辛南便假藉照顧護理人員安全作為理由，簽報院長核准，護理人員懷孕滿八個月應即離職。此一違反法律的公文曾傳給護理人員閱覽，無人提出意見。沒想到這件公文適用的第一個對象竟然是梅芳，而且是空前絕後的唯一對象。

一九七一年梅芳懷孕時醫院主管周辛南，暗示可以繼續工作至生產，產後用休假取代產假。

一九七二年怡萍出生後，梅芳遞交產假申請單，周辛南不作處理。僵持之下，他委託我的副所長張昭德向我關說，希望梅芳先辭職，只要她願意繼續工作，周辛南保證再聘用。梅芳不同意這麼安排，不願讓我介入此事，後來醫院簽准解僱。當時我已被提名出國進修，不願為此造成中科院院長無台階可下的困境，忍氣吞聲沒有採取任何行動。何況梅芳已確定不回去繼續工作，變成爭議焦點只是一個月的薪資，此事便不了了之。

一九七二年九月我赴美國聖母大學進修，梅芳在家照顧怡萍，又是懷孕在身，遂請來一位小女孩幫忙，怡君出生後，岳母亦來家中幫忙。

一九七三年四月碩士論文口試通過後，立即申請返台。依慣例畢業後有二星期公假在美參觀旅行，已安排好了行程，卻臨時接到加派任務，再加二星期公差，到馬里蘭州參觀美軍外彈道實驗室。到華盛頓特區找武官代為申請，本來可以用公費在華盛頓特區多參觀幾天，卻歸心似箭。在等候三天沒有得到答覆後，即取消後續到德州的行程，直接返回台灣。

回到家中，怡萍會歡迎爸爸，怡君則不讓我抱，大哭迎接初見的爸爸。

一九七四年，中科院選派十五人小組赴美國麻省理工學院作專案研究一年，待遇很好。負責人徵求我參加，經與梅芳商量後，決定以照顧家庭較為重要而婉拒。

一九七五年怡德出生，給我們帶來喜悅，覺得婉拒赴美國麻省理工學院作專案研究，是正確的選擇。

怡萍的滿月酒在石門水庫環翠樓設席，正式印發請帖。賓客主要是中科院長官及同事，李桂芬大姐夫婦當時住桃園市亦受邀參加。

怡君的滿月酒在石門水庫管理局附近金蘭活魚餐廳設席，我在美國，沒有正式印發請帖。

怡德的滿月酒比較特別，在家中請客。由在台中開小吃店的森鳳叔專程包計程車連同食材到家中烹飪。主菜是廣東式生魚片，釀豆腐，紅燒肉，白切雞，滷菜等，都是他的拿手菜。晚宴後他即乘原來包下的計程車返回台中。

回顧子女的成長過程，是由梅芳全心全力在照顧他們，我參與不多。只有週末才能全家人一起出遊。

有一部電影〈兒子的大玩偶〉，我沒有看過，但知道部分劇情。假如時光能倒流多好，我願意仿照該劇給兒子當馬騎，阿德也許就沒有「抱怨」了。

當逸園的房子建造完成，幾年後還清債務，我們就決定降低儲蓄比例，提高生活品質。週末例假日，梅芳希望全家人外出旅遊，我因為工作疲累，很想在家休息，因此駕車旅遊，反而覺得是一分負擔。雖然如此，仍然盡力而為。

子女教育方面，他們都很優秀，成績良好。怡萍、怡君都曾經在高中暑假參加赴美教學旅行團。梅芳曾利用暑假帶怡君、怡德到歐洲旅遊。

一九九〇年獲得美國移民許可，梅芳和子女赴美，我仍留在台灣繼續工作，換取生活費用。他們曾在年底返台省親，我亦在一九九一年請事假赴美探親二十二天。那年逸園房屋漲價，梅芳年底返台時說，趁這幾年孩子們還需要照顧的時候，全家人團聚比什麼都重要。於是賣掉房子，辭去工作，一九九二年初赴大陸探親後移居美國。

梅芳和子女初到美國時，承蒙鄒成虎同學的協助安頓居所，並安排子女就學。所幸子女都很爭氣，很快就適應新環境。

怡萍來美後進社區學院，再轉入戴維斯加州大學畢業，然後就業，結婚。有二位女兒，現已讀中、小學。

怡君來美後再讀一年高中，然後進社區學院再轉入河濱加州大學畢業，聖地牙哥加州大學研究所獲得碩士學位，畢業後回台灣工作兩年再返美國就業，已結婚四年多，尚未生育子女。

怡德來美後讀高中，再進柏克萊加州大學，二年級時曾到德國作交換學生一年，大學畢業後再讀同校研究所獲得博士學位，然後到康乃爾大學任助理教授。現任新加坡大學耶魯學院副教授。

他們升學就業都沒有讓我操心，感到很欣慰。

自從梅芳年滿六十五歲參加聯邦醫療保險後，保險費都是由怡君支付。二〇〇八年開始，怡萍每個月支助我們的兩百五十元增為五百元，以支付我的聯邦醫療保險。另外在年節、生日等，子女都會給賀禮。讓我們經濟上沒有壓力，更感到非常安慰。

在此順便談談在中科院工作薪資和退休金的差額。上校軍官的待遇分為薪俸、服勤加給、主管職務加給。中科院研究人員依照職等不同另發相當於薪資的研究費。上校退休金只發薪俸的部份再依年資多寡打七折到九折。其餘各項加給及研究費當然就沒有了。那時候我職等為簡聘技監主任工程師，因此我的退休金大約只有工作時薪資的四成，差額頗大。所幸我們運氣還好，逸園的房子賺到很多錢，足夠補償提早退休的差額。讓我們可以在美國生活無憂無慮。

〈二〇一三年四月二十八日〉

敏感話題－重男輕女

在家鄉很多場所會出現重男輕女的現象。舉族譜為例，都只記載男的名字，結婚對象都只稱姓氏而無名字。出嫁的女孩則在族譜中根本沒有記載。

二〇〇八年底，老家祖屋大廳修繕，每位男丁出五十元人民幣，另外幾位再捐出若干，然後在大廳牆上立碑說明修繕經過及捐獻名單。

二〇〇九年我們返鄉時就在祖屋大廳請客。因為他們沒有通知我大廳修繕的事，所以捐獻名單沒有我及怡德的名字。

我是否有重男輕女的心理很難解釋，但是心裡希望有個男孩倒是有的。

在〈父母子女的緣分〉中，提到一九七五年怡德出生，給我們帶來喜悅，覺得婉拒赴美國麻省理工學院作專案研究，是正確的選擇。因為那個專案研究是為期一年，條件特優。除薪俸照領外，另領一半研究加給，「出國進修人員沒有研究加給」，半年准許返台一次，在美國由公款付房租等條件，很多人爭取而我卻婉拒。所以這段怡德出生給我們帶來喜悅，指的是放棄參加赴美專案研究的結果而言，不能擴大解釋為重男輕女或者喜歡誰不喜歡誰。

怡萍出生時，中科院同事之間有喜事都會請客，所以特別印發滿月酒請帖。幾年後同事之間，只有結婚才發請帖。

怡君出生時，我住研究生宿舍，晚上播放怡萍的伊伊呀呀錄音帶，對面房間的同學聽到了，見面時問起，才告訴他怡君出生的事。他送我賀卡，現仍然保存著，但那位美國同學的姓名卻忘記了。因為怡君出生，我急著提前返台，臨時卻被加派公差二星期，別人也許就會在華盛頓順便玩，又有公費可以拿，我卻不那樣，真是歸心似箭。只等候三天公務沒辦妥，就放棄了原訂的德州參觀行程，直接從華盛頓飛回台灣。

怡德的滿月酒，是森鳳叔特別送的厚禮，專程包計程車連同食材到家中烹飪。主菜是廣東式生魚片，釀豆腐，紅燒肉，白切雞，滷菜等，那種方式是森鳳叔提出來的，他可能有重男輕女的觀念也說不定。怡萍、怡君的滿月酒他並未參加。

〈寫於二〇一三年五月十二日母親節〉

玩笑話何必當真～兼談美國進修經過

寫完〈回憶錄後記要感恩要惜福〉之後，已經打算封筆，不再回憶從前的事。可是有些事沒有說清楚，欲罷不能。

自從二〇〇二年七十歲寫完〈我的回憶〉以後，二〇〇八年〈我的家庭生活〉，是「有感而發」之作。二〇一〇年寫〈緣分〉的時候亦是如此。文末引述國父孫中山先生的名言：「天下事不如意者常十之八九」。同時申明願意依照台積電公司董事長張忠謀先生說的：「常想一二，不思八九」作為自勉。

最近寫〈父母子女的緣分〉的動機，在文中已有說明。前幾天怡君和媽媽聊起的話題，再度引起我寫出〈敏感話題重男輕女〉傳給子女。

怡萍出生時，我們的高興不用再說。

怡君出生不僅是高興，簡直是驚喜。

我是一九七二年九月三日勞動節到達美國的，當時就已決定拿到碩士立即回台灣。到美國才沒有多久，就收到家信告知張維明逝世的消息，更加強此一意念。張維明是成功大學同學，畢業後同在陸軍官校任教職，同時到成大讀研究所，住同一間宿舍二年。他已婚住家在台南市安平區，所以只有中午在宿舍休息。畢業後我被派中科院，他卻不知何故被派中正理工學院。我們結婚後住中壢，他們就搬家來住在隔壁，友情非常深厚。後來我們搬到石園，家中亦沒有電話可連絡。出國前只知道他有腎結石在治療中，突然接到他的噩訊，很震驚！很感傷！

我選擇去 Notre Dame University 進修，是因為航空太空期刊上有該校兩位教授發表的專文。註冊入學後，初見系主任時，他有意作我的指導教授，指點選修課目，我向他報告慕名某某教授而來，並交出航空太空期刊上的影印文獻，他接受我的建議，介紹我到某某教授門下。第一學期結束時，我請求系主任承認我在成功大學研究所的六個學分，加上在美的二個學期各十二個學分，以便拿到碩士。他認為沒有必要，暑假選修論文即可拿到碩士。於是在寒假時便開始寫論文。翌年三月間將論文初稿交給指導教授審核，他指示在暑假作實驗以作理論之補充。我說明新添嬰兒，需要返回台灣照顧，他詢問為何沒有帶太太來美國，答覆經濟上不允許，他遂同意儘速安排口試委員會，並且要我放心。

於是立刻寫信回台灣申請提前返國，並安排連絡好回程旅途落腳的朋友，臨行前卻接到中科院的公文，要我順道參觀美軍外彈道實驗室，給我另外一個星期公假，可以報公差旅費。

假如不是急於回國，在華盛頓特區一邊交涉參觀的手續，一邊遊玩，不是有些人想都得不到的機會嗎？匆匆忙忙的趕回家中，沒有帶給怡君的任何禮物，是我的疏失。但擴大解釋為重男輕女就太超過了！相信你們也只是玩笑話，不必當真。倒是我想「藉題發揮」一番。

另外有些事值得寫出來作為襯托。在Notre Dame University的第二學期，我請求Professor Eikenberry開程式設計的課，他是同意的。但因只有我一位選修，不符合三位以上研究生才能開課的規定，遂改稱為專題研究[Special Problems Study]，仍然算三個學分。他和我的論文指導教授共同在期刊發表專文，因為我是專程前來拜師，他們很開心，對我特別寬容。

一九七〇年中科院曾派二位研究人員參觀美軍外彈道實驗室，回國後寫了一份很簡略的報告，不久又到美國進修博士去了。一九七一年我被指派接手建立外彈道實驗室的工作。根據那份報告，仿照美軍外彈道實驗室的草圖，提出實驗室土木工程建築案，因為預算的限制，實驗室橫截面被減小，而照相設備則奉指示向英國購買，造成相當程度的困難。一九七二年派出四位研究人員到英國受訓，我卻被排除在外，我認為到英國受訓對將來工作有幫助，向主管反映爭取未果，大概是我即將赴美進修的緣故，詢問將來進修回來是否仍然要在外彈道實驗室工作，得到由我自行選擇的答覆。幸好一九七三年返國時順道參觀美軍外彈道實驗室沒有辦成，否則會沒完沒了。外彈道實驗室的計算工作由黨浩澄負責，他參加了英國受訓計算程式是向英商買的，但英國國防部禁止輸出，遂由英商向美國購買另外的計算程式來應付。據說黨浩澄弄了一個多月沒有跑通，我回國上班後，組長要我協助，發現陰差陽錯的，那個計算程式竟然就是Professor Eikenberry寫的。真是無巧不成書啊！那個程式就是我在美國的專題研究，三天就跑出了結果。其實問題說穿了非常簡單，那時候的電腦輸入靠紙卡，那個程式有幾百張紙卡，不知何故有幾張紙卡弄錯順序，造成「鬼打牆」，電腦就一直在圈子內打轉，找不到出口，就跑不出來。問題解決後，組長就想要我接替黨浩澄的工作。他是我到中科院工作後使用同一研究室的同事，不願傷害同仁間感情，而且深知那個實驗室的先天缺陷，遂用一九七二年派人到英國受訓時的說詞作擋箭牌，也就躲開了。所以就能另外從事計算機應用的工作。後來因為計算機實驗室的負責人馬繼賢博士，海軍上校，他只管理實驗室，未參與研究項目，手下有幾位計算機軟硬體維護人員，工作非常輕鬆。聽說薪資比副所長還要多，因而被排擠。組長要我接替就答應了。職務宣布後，馬繼賢當晚就到石園我們家中來責難為何要搶他的工作。他是成功大學的學長，經過解釋後也相安無事的道別。他隨即離開第二研究所改調第三研究所。這個計算機實驗室是我在中科院工作的墊腳石，後來擴大建立為飛彈系統模擬室，負責天弓飛彈系統模擬。奉獻上全部心力而獲得一些工作成果，也是相當美好的回憶。

題外話該結束了。在此要順便簡單的說一下。兩位女兒對父母很孝順體貼，兒子也很不錯，讓我感到非常欣慰。在擱筆前特此記述。回憶錄到此全部完稿，除非有特別狀況，不再增減。就這樣留給子女參考。

〈二〇一三年五月十八日〉

陸軍官校學生自傳

我姓劉名錫光，現年二十歲，係廣東省興寧縣人。地處窮鄉僻壤，交通不便，文化低落。祖父連成公，為人忠厚樸實，以農為業。父親展文公，畢生服務黨政機關，曾渡粉筆生涯。家中共十五口人，全靠種田度日。家境清貧。余就在此苦難環境中生長，養成刻苦耐勞的性格。

我幼時身體強壯，六歲時就讀余父所教之私塾。以人之初為讀本，然因年幼無知，致每遭父親譴責。兼之余父管教甚嚴，所受課目，若不能背誦，則不令歸家。當時我雖非常抱怨，但今思之，則實為教子之道。至八歲時，余父於興寧縣黨部任書記職，私塾停辦，遂轉入光華小學念書。終因小孩貪玩，飽食嬉遊，致一無成就。十一歲就讀水口水東水西二鄉聯立中心國民學校，斯時教務主任馬可光先生管教有方，余亦稍知人事，僅歷二載，實獲益頗多。以後各項功課之基礎，皆立於此。民國三十四年，小學階段告結束，時我已十三歲了。同年秋考入縣立第三中學求學，入學不久，便抗戰勝利。八年之堅苦抗戰，終於獲得了日本的無條件投降。光陰似箭，轉瞬又是三年，又屆初中畢業。斯時我進步很快，曾獲得學校的免半費三期。初中畢業後，得雙親允許繼續升學。遂投考縣立第一中學高中部肄業。可恨毛匪猖狂，手段卑污毒辣，神聖學府，亦為共匪煽動，層起風波，於是學問一無所增。

民國三十八年夏，共匪南渡。水口本為不毛之地，亦遭其害。更在七月間，我父親因曾服務黨政機關而慘遭其害。而今思之，令人髮指。我為報家仇雪國恥，終於拜別了年老的慈母，離開了天真活潑的弟弟妹妹，拋開了可愛的家園，加入了革命陣營（陸軍第五軍第十四師第四十一團）。入伍不久，便是「十、廿五」這光榮的日子，造成了金門大捷，我亦稍為吐了一口氣。此一戰役更在狂濤駭浪中挽救了中國的國運。

政府自遷台後，革新組織，政治、軍事、經濟及各項事業都蒸蒸日上。國軍的四大公開，補給制度及人事制度的建立，主官任期制度，實踐制度的履行，更証明自由中國的進步，反共抗俄前途樂觀，反攻大陸，勝利在望。

這次軍校招考二十五期學生，蒙長官垂愛，保送報考，更蒙學校各長官青睞，予以錄取，內心非常興奮感激。自感學識淺陋，難於造就。不過，我自命有一顆純潔的心，奮鬥的火焰，接受革命烘爐的嚴格訓練，服從校規，恪守紀律，以充實革命理論，戰鬥技能，將來對國家民族盡更大之努力，完成國民革命反共抗俄第三任務。

〈自傳原稿一九五二年四月寫於台灣鳳山陸軍官校〉

陸軍官校學生自傳後記

一九七七年國防部頒布「華廈貸款」專案時，名額有限制。中請者年資條件都差不多，若有士兵年資証明，可以增加積分優先獲得核准。曾經由陳國慶同學陪同找到當兵時的營長李惠民先生，他已上校退休，私人出具信函無效，必須少將官階主官出具公文方可。因此該年申請「華廈貸款」，因名額限制沒有獲得核准。

一九七八年一月十六日得到在官校考核科服務的陸軍官校同期同學的協助，在塵封的資料中找出學生自傳，據此簽請官校出具証明書，才能在一九七八年具備優先條件，獲得國防部上校階級「華廈貸款」三十萬元，用於興建逸園房屋。

後來在一九八七年上校屆滿限齡退伍時，在上校軍階退休軍人保險金之外，另加補償士兵年資及勳章獎章折算獎金等約三萬多元，合併共領到約八十萬元存入優惠存款帳戶中。[即百分之十八年息優惠存款]。

自傳中有些不正確的敘述。因為軍官學校報考資格要高中同等學力，我由當兵的營長保荐高中肄業。在自傳中謊稱曾就讀興寧高中一年，或許可以原諒。但是虛構父親慘遭共匪殺害，為報家仇雪國恥，終於拜別了年老的慈母，加入了革命陣營等等，真荒謬！

自傳是在一九五二年四月一日入伍後寫的，上面留存有隊上指導員的圈點，批改。我現在想不通為何當時要那麼樣寫。除了這部分以外，其餘的家庭狀況等等，倒是確實的。

二〇一二年十一月二十六日曾立權夫婦邀約參加台北市興寧同鄉會聚餐時，彭佛金談起他在一九四九年農曆閏七月二十五日被胡璉部隊抓兵至水口三中集合，八月一日半夜乘車至湯坑，後來走路到揭陽、汕頭，然後上船在海上七天六夜，到金門後編入部隊。聽到後非常驚訝他竟是和我同一天被抓兵的同鄉，在同一個團當兵。以前幾次興寧同鄉會聚餐，他都沒有談過那些事。而且我亦是第一次知道是在那一天被抓兵的。因為那時候父親在家門前突然遭到胡璉部隊槍殺，母子正不知道以後要怎麼辦的時刻，自己又被抓兵，腦中幾乎茫然無知，只是迷迷糊糊的被迫隨著他們走路罷了，完全不知道是何月何日。

梅芳有時候批評我「心還是留在大陸沒帶出來」，那樣說是不正確的。還不如說「心被狗吃掉了」！不是有人說：「殺父之仇不共戴天」嗎？「國民黨的軍隊」殺了我的父親，自己反而加入了國民黨，又做了「國民黨的軍隊」的軍官。我必須承認作的是中華民國的軍官，否則會無地自容。在陸軍官校畢業同學錄上，有許多位同學的相片上蓋了紅色的淘汰印章。為什麼？那是在畢業典禮前一天被淘汰的。晚點名後被留下，當晚就把從民間考進來的，送回老家，從軍中考進來的，送回原部隊。唯一原因是沒有加入國民黨籍。長官說：「陸軍官校是黨的學校，必須加入國民黨，否則就必須開除。」畢業同學錄不能重印，因此在他們的相片上蓋了紅色的淘汰印章。

自傳中所謂拜別了年老的慈母，事實上被抓兵後，在水口三中集結的七天中，因為老母親悲傷過度，連一次面都沒有見到。我還算有一點兒福分，後來還有幾十年反哺的機會。

一九八七年政府開放准許老兵赴大陸探親後，軍中的聘雇人員還是被禁止的。內心受到很大的衝擊。若僅因返鄉探親之故而辭職，對妻子兒女也是不負責任的做法。因此時常感到無可奈何！

一九八八年國防部明令准許軍中人員出國觀光。另據聯合報十一月二十一日刊載，「陸軍官校人員一批出國觀光，途經香港與大陸親屬會面。」遂於一九八九年二月二十七日滿懷希望的提出自認為「文情並茂」的報告，申請事假到香港和老母親會面，完全沒有料想到在報告送出十多天後，被潑一盆冷水。楊景櫆少將面無表情的將報告退回給我，只說了一句話：「沒有辦法」。我能不心寒嗎？覺得以前被騙「解救水深火熱中的大陸同胞」，連自己的母親都救不了。自己放棄了許多休假的時間拼命工作，卻換得這樣的待遇，真太不值得！

那時候，中科院每逢週六上午，看華視「莒光日」教學節目或小組討論。依照規定我要在小組討論會當上級指導員。有一次莫名其妙的，發下指導綱領，要我照本宣科，說明開放大陸探親是人道政策，想麻醉人心。我自己正處在萬分苦惱的情境中，這不是強人所難嗎？難怪我會「脫線演出」，脫稿表示無所謂人道問題，因為邏輯上說不通。若說開放探親政策是人道，則以前不開放就是不人道，准許老兵去大陸是人道，則對那仍然被禁止的人就是不人道。結果被人打小報告，差點兒弄得不可收拾。

這篇自傳內容有真有假，謊稱高中肄業，虛構父親被殺害及自己被抓當兵之情節，在那個時代背景之下，或許無可厚非。若以一篇學生作文的觀點來審視，自評應可算為合格作業。

這篇自傳是曾經在部隊當兵的唯一記錄資料。未料卻能據此獲得陸軍官校出具公文証明我的士兵年資，派上用場，獲得華廈貸款及退伍士兵補償，則確實有難以言諭的價值。

〈後記寫於二〇一三年二月五日美國加州寓所〉

劉旭輝自傳

我出生于一九四一年八月十四日。從小體弱多病。從記事起便知道家裡很窮。肚子餓了又想吃錦生叔公家的番薯，就從他家廚房門口跑上跑下以引起他們家裡人注意，送一條番薯給自己充飢。他家跟我家是同一個曾祖父的。祖父開始分家，相隔一個廚房，也是最親的叔侄。我的祖父沒有見過，也很少聽人講過，一丁點兒印象都沒有。繼祖母曾氏生了璋叔和城叔二個。我父親和放吾叔是薛氏祖母生的。她在我未出生前去世。曾氏祖母對我還好，與我母親不和，很早就自己一個人生活，聽她講是很辛苦的，依靠下湯坑挑鹽上江西，掙點腳力錢過活。

解放前我家是一個大家庭。父親和放吾叔是有文化的。父親在鄉間教書，與上村海添叔是要好的。抽鴉片煙，吃穿都很講究，小楷字在水口八堡是第一的。會寫訴狀，與鄉紳來往，死愛面子，全家受罪。因此，家裡是很窮的。放吾叔在湖南做事，是起義部隊，直接去抗美援朝。二十四軍文工團的後台主任。五十四年退伍回家教書，大楷美術字是水口第一的。圩鎮的店名和宣傳標語全部都是他寫的。培基弟是春英娘在湖南懷孕，回家裡生產的。父親在四十九年胡璉兵犯時，為保護母親臨產沒有逃走，在屋側松樹塘遭胡璉兵槍殺。母親帶著我哭喊著去看時還遭到機槍掃射，差點被打死。後來還是錦生叔公和思錦叔公等人通知逃走了的親鄰用棚板釘了棺木埋在松樹塘的田埂下。母親也就在那時產下一個弟弟，沒有養活，就抱養了一個妹妹，取名薛靈娣，而且還安名做我的童養媳。母親是一個勤勞、儉樸的人，一個人能頂上二、三個人的強勞動力，主持著一大家人的勤儉生活。

五十年春季，我在石塘小學讀一年級。秋季上二年級。老師是劉天使，三年級調換劉迪君老師，據說是大哥的同學，很關心我。同班九個人。我很頑皮好玩，成績一直很好，十分少考過第二名的。五年級開始去光華小學讀書。家裡窮，從來沒有穿過鞋。中午是自帶飯煲仔，天冷霜雪大時，吃飯都打牙抖的。下半年就下水口小學讀書。由於家裡窮困，二個叔父做豆腐賣，我在下半夜二點鐘要起床幫放豆子，煮水沖漿，約四點鐘又回去睡覺，天亮後上學。五十四年後，放吾叔復員退伍回家教書，生活才好轉一些，才第一次使用鋼筆。整個小學階段都是很瘦弱的，叫我瘦鬼。

五十五年秋季上水口三中，五十八年畢業時又碰上了公社化，大躍進，提出政治掛帥。父親在解放前與鄉紳交往，寫過狀紙，雖被胡璉兵殺害，政治面目不明不白。加上大哥在台灣，屬於社會關係複雜，不是依靠對象，沒有升讀高中。

大躍進直接損害了整個永祥第老屋，全部廚房被拆掉，我們睡的房間也被拆掉了。屋側大樹全部被砍，母親和華娣娘等強勞動力被趕去做飛機場。全家再次破碎。我們十多歲的男孩，被趕去大鬧鋼鐵。由於我在水口三中成績優良，當時的大隊書記駱森發派人趕到藍布，把我要回來教民辦小學。但我只教了半年，改任大隊總保管員兼石塘村食堂會計，幹了一年保管員。六十年春任大隊資料員。正是任資料員之時，首先從通知中知道石塘村要辦國營農場，派二個人去汕頭學習拖拉機，便要求駱書記讓我去學習。半年後駕駛一台東方紅一五十四履帶式拖拉機回水口農場開荒造田。

在任大隊保管員時，要求把母親及華娣娘等人要回家種菜，供大食堂的吃菜問題。辦國營農場以後，時任場長的廖硯汀場長，見我一個人在沒有老師傅的指導下單獨操縱一台拖拉機，做得有條有序，很是高興，就特別喜歡事事關心，行走出入都帶著我，還讓我兼任農場出納員，放手讓我處理社會交往和農場日常事務。可以說，我的社交活動經驗就是從那時開始的，掌控了農場的錢財及物資大權。從五十九年開始到六十二年四月是我最風光的階段。

由於台灣要反攻大陸，戰備非常緊張。政治路線抓得很嚴。廖場長說我不是依靠對象，把民眾的槍枝也收回去了，不能讓我保管。並且也就順機把我安排去水口糧所加工廠看機，碾米。出於感情，為安排好家庭生活，照顧一條牌價中豬給我家飼養。象徵性繳交了六十元豬本款，從水口加工廠買回米糠及農場的酒糟，餵養了大約四個月，便上市賣到一千三百多元，從此家裡的經濟便發生了巨大的變化，買了一間房，做了一張工字桌，買了一張床及被帳，自己才正式有了房間。同時又買了農場計畫分配的國產上海手表一個「六十元」。璋叔和城叔由供銷社照顧分配的布票二十四尺，自己做了二條長褲子，母親也做了一套。在那時物資還相當奇缺，有牌價及議價二種價格，相差二十多倍。大米每斤九分四厘，議價要二元；豬肉每斤六角四分，議價要十三元多；雞蛋每只三分，議價要八角；全部東西都有二種價格；但有錢就可以買到了，不會餓死了。在加工廠期間還幫城叔和鏡唐買過米糠，使他們家也養了豬，改善了一些生活。鏡唐是幫我挑糠回家感動了我。當時，有些人連吃都買不到米糠的。有好些人是由於營養不良，患水腫病死了。由於有廖場長的一層關係，水口糧所供應站長劉少平跟我關係很鐵。米碎和米糠是附屬產品，在職權範圍內是允許的。食品站長等知青跟廖場長是鐵哥，跟我要好。所以，糧食類，肉類，副食品類，對我而言是寬鬆的。我在農曆六十二年十二月二十日結了婚。

六十三年天大旱，作物失收。國營農場便隨著遣散。我隨機調入示範農場岳橋分場。我的整個大家庭是五十八年以後，由於大躍進，公社化，無法再統一在一起，才逐漸分開的。先是璋叔和城叔分家，六十年後，放吾叔也分開過了。而我也有能力負責家裡的生活了。二哥在 60 年暑假期間結婚，他在豐良黃金小學教書，結婚時是我住的房間「放吾叔復員時買的」，鋪板床，非常簡單。當時我已在陸豐學習拖拉機，接到信以後非常高興，馬上寫信給鑑泉和鏡唐，要求他們想盡一切辦法，盡力支持解決糧食和木薯粉。生產隊裡的水魚也特殊照顧安排。據說是辦得還滿意的。我任保管員期間，計劃外「暗中的」安排四千多斤稻谷給鏡唐作為機動糧，放在我睡的房間棚上一個大谷囤裡。鎖匙是我母親手裡才有的。要動用時，母親是應該知道的。二哥在五十五年考上興寧一中，不到半年，患上肺結核病，休學在家療養。五十六年重新考取興寧師範學校。畢業分配到豐良黃金小學教書，對家庭經濟而言，是起不了作用的。母親則想著他有病，事事順著他，家裡的雞蛋和雞都基本上只給他吃的。六十一年下半年調換回水口教書，過年要去見岳母時，我把手表及二條褲子都送給了他。那時候臭老九是不受尊重的。社會地位低下，除了母親護著他以外，是沒有人瞧得起的。從小到大都是母親侍候他，四兩重都從未動過。結了婚以後，才由二嫂侍候。從而養成了自私，狹隘的性格。貪心不厭，整個老屋內外才五十一間房，而他就佔有十八間，可見一班。

我結婚後，母親對仕蘭是不滿意的，主要是薛靈娣的關係，她是吃母親的乳長大的。因為有這些關係，就事事不順心，諸多為難。這些現象，我是能夠理解的，不能怨母親。我的母親是生產隊裡最強的勞動力，掙的工分最多，吃苦耐勞，省吃儉用，掙得一大批家業。可惜我沒福分，沒能沾得一丁點兒。這是命中注定的。放吾叔說得好，而且寫在大門口對聯上，作為座佑銘：自力更生，艱苦奮鬥。

六十三年農場解散後，廖硯汀場長調到寧新公社任社長。由於有他的溝通介紹，示範農場的周場長下決心加強新陂加工廠的力量。派下放幹部李榮香任廠長，我負責機械技術。我倆認為要改變加工廠的面貌，只有在改善服務態度的基礎上。提高碾米質量，保證時間，才能得到群眾滿意。為保證時間，機械有毛病都是在夜間修理，有時是整個夜晚都在修理，白天照常開工碾米。為滿足群眾需要，減少排隊現象，而又可增加收入。根據動力情況改帶二部米機，只增加一個員工，取得雙倍效益，使領導非常滿意。一直幹到六十九年冬天，也是文化大革命後期，我又返回場部開拖拉機，任農業機械組長，發展為擁有三部大拖拉機，二部汽車，六部手扶拖拉機，一部聯合收刈機的農機示範場。

八十四年以後，體制改變。承包了農機組加工廠，情況急劇變化，人心浮動，收入減少。八十七年秋季，為了修父親的墳地停薪保職，回家與海濤侄苦幹了差不多二個月時間，完工後回農場繼續任農機隊長。由於全部採取承包責任制，基本上是收歸場部管理。我再次和水口農場一樣任場部出納兼管農機。以後又兼任總務，管理食堂，工作十分繁重，一直到二〇〇一年八月退休。

在示範農場工作了差不多四十年，幾任領導和同事們都還是能互相關心，互相愛護的。基本上是好的。

旭輝二〇〇九年十月二十九日

對親人的一些感受

我對父親的印象不深，據妙坤叔說：從父親出來做事後，別人就不敢再欺侮我們永祥第的人。抽鴉片煙是應付鄉紳的，是忍辱負重，不得已而為的。為保護母親生產，被胡璉兵殺害。

母親是勤勞儉樸賢淑的農家婦女，吃苦耐勞，以身作則。操持著一大家子人的生活。一生都在痛苦中渡過。本來，老年時應該是享福的。有大哥的支持，生活應該是村裡第一的。無奈有一個身體多病，貪心無厭又不近人情的二哥。致使老年的三十年還是反哺二哥一家子的。老人家連水口圩都很少去過，一分錢都沒親自花過的，享年九十歲。

放吾叔是遠近有名的文化界名人，態度和藹，有知識，受人尊重。美術字是水口第一的。整個圩鎮的店名，標語口號，全部是他的筆跡。我從未見他罵過人。五十八歲患腦血栓，去一七九醫院黃塘醫院治療過。以後回家用草藥治療，五十九歲病逝。

煥璋叔在解放初期參加圩鎮工人糾察隊，在水口撐車渡。為人憨直，做事認真，肯幹。深得供銷社領導器重。但文化水平不高，凡事過於認真，認死一條理，十頭牛都拉不回頭，沒有得到提拔。解放初是家裡的頂樑柱。供銷社退休。

煥城叔在解放初，年紀也不大，放牛，刈草，織布。以後在水口圩做豆腐。參加豆腐生產合作社。文化也不高，態度比璋叔好，比較善於商量。大部分時間在分站工作，一直幹到退休。

大哥錫光，解放前被胡璉抓走去台灣當兵。憑聰明，刻苦自修考取台灣成功大學，還留學美國取得碩士學位。在台灣中山研究院工作。上校軍銜。大嫂梅芳。與大陸取得聯繫後，一直負責母親的全部生活費用。九十年以後，移居美國。二女一子，全部大學畢業，取得碩士，博士學位，事業有成。晚年是幸福的。

二哥錫芬，解放後從小學到師範畢業，分配到豐良黃金小學教書，以後調回水口。為人過於計較，貪心不足，不自量，討人嫌。一生只佔別人便宜，沒給他人一丁點兒好處。小教退休。

妻子仕蘭，婚後艱苦創業，自力更生，刻苦耐勞，從無到有，白手起家。能與鄰居和睦相處。性格過於直率，好勝心強，不甘示弱。為創家業，累垮了身體。個性太強，與母親關係不和。但能勤儉度日，持家有方。子女和睦，生活是愉快的。

劉旭輝自傳讀後感

旭輝自傳手稿是簡體字，特別轉換為繁體字。以便子女能看得懂。

我認為無論大家庭或小家庭，基本上都有人際關係如何相處的問題。大家庭兄弟姐妹與叔侄之間，小家庭夫妻子女之間，都難免會有些意見不同的時候。若能彼此推誠相對，就事論事，問題總是可以解決的。當然，說起來容易，做起來恐怕沒有那麼容易。

首先是觀念上必須要有「唇齒相依，唇亡齒寒」這個認知，再要有「各司職能，互相合作」的度量。然而每個人都有個性，就算是牙齒和舌頭，天天在一起工作，才能吃飯，總也難免有牙齒咬到舌頭的時候吧！我對於錫芬和旭輝之間的矛盾，基本上就是這個看法。

旭輝提到一九六一年將手表及褲子送給錫芬，過年才好去見丈母娘的事，憑的就是兄弟友愛情誼。他們倆兄弟之間，一直到一九八七年修父親墳墓，大致上還算可以和睦相處的。

我和老家取得聯絡是在一九七八年透過泰國的華僑開始，那時候，台灣禁止和大陸通信，軍中管制得很嚴。信件要借用台北三重金新家地址，寄到泰國劉文彬處，再轉寄老家。錫芬初次來信就是要求寄二隻手表給他們倆。為此我在赴美國公差時，特別選購二隻TIMES機械自動表郵寄給他們。可惜大陸海關作梗，拒絕接受美國寄的包裹，退回美國原寄地址武雄家中。錫芬為此來信表示婉惜。由此可以說明他們倆在那時候是和睦相處的。後來我只要有機會出國公差，都會設法寄錢給老媽用。因為老媽和錫芬一起住，老媽不識字，錢當然由錫芬收。那時候老家的人都窮，有外匯進來的人，當然日子過得好一些。錫芬不懂得人情世故，未能和兄弟叔侄融洽相處，種下後來的許多麻煩。特別是在一九八九年老媽由大陸來台灣，再返回大陸那一次的衝突最為嚴重。我當然有錯，錯在事前不瞭解他們倆之間的矛盾，作出適當的安排。但無論如何，老媽晚年由錫芬照顧，讓我不用操心。再怎麼樣，我都要感謝他的。

旭輝的自傳手稿是二〇〇九年我和梅芳返回大陸老家時交給我的。錫芬究竟心裡怎麼樣想，我不知道。當時大家一起飲食坐談，表面上看不出他們倆之間，是否仍然還有疙瘩。時間過得快，現在為二〇一一年九月十八日，時過境遷，就算以前有過疙瘩，也該早就撫平了。

我兄弟三人，印象中沒有小時候在一起玩的記憶。二弟錫芬小我三歲，小弟旭輝小我九歲。從一九四九年至一九九二年，我兄弟因大陸和台灣的政治因素，無法見面，甚至於通信都有困難，彼此之間，了解不多。一九九二年我辭去台灣的工作，才能有機會返回大陸老家，兄弟再次見面。移民到美國後，每年都返回大陸探親一次或二次，兄弟之間談話機會較多。唯自二〇〇二年四月二十五日，老母親辭世後，返回大陸探親的機會就中斷了。後來有一次去大陸旅遊，路過廣東珠海，曾和三弟夫婦，立云侄，及煥璋叔等在旅館見過面之外，直到二〇〇九年底，才有機會再度返回老家兄弟們再次見面。

二〇一〇年三月，到康乃爾大學旅遊時，和怡德談到老家情形，順便告訴他有一份旭輝寫的自傳，他要我影印一份給他。這次回台特別將旭輝的自傳找出再次詳讀，感慨很複雜。

龍應台新書《大江大海一九四九》去年出版的時候，我曾根據報上評介資料及個人感受，而寫了一篇短文舒展我的感受並電傳給孩子們。這次在台灣特別購買一冊，詳細閱讀。非常敬佩龍教授，引經據典，訪談許多當事人，歷時四百天專心一致地閉關寫作而完成此書。由於該書所描述的時代背景，正是自己以及親人所遭受過的經歷，讀後的感受非常深沉，難過得許久不能釋懷。旭輝的自傳中提到，放吾叔在湖南做事，是起義部隊，直接去抗美援朝，這一點可能有些出入。據我記憶所及，在徐蚌會戰後，我看過他的報平安家書，其他隻字未提，沒有發郵地址。因此在我的五十歲感言裡，就曾寫出三叔黃埔軍校十七期畢業，在軍中服務。徐蚌會戰後，僅來信表示平安，下落不明。可惜放吾叔五十九歲就英年早逝，否則，龍應台的書中對徐蚌會戰的描述，他老人家就可作見證。放吾叔軍官學校畢業後，曾穿著軍服返回老家，由傳令兵替他挑行李。在家沒有待很久就又出外。我對放吾叔沒有特別印象，只記得在父親房間，掛著一幅他在軍校畢業時的團體照，及另外一幅他畫的山水畫。假如不是對日抗戰勝利後的戰亂，相信他不會留在家鄉教書而終其一生。我福分不夠，無緣再見他老人家一面。又因為大陸和台灣的鬥爭，兄弟叔侄親人，連書信往返都不可得，書寫到此，難免擲筆一嘆，悲哀啊！

另外一則事情，猶記得一九八九年八月，老母親抵達台灣，經過整整四十年才能母子再次見面，恍若隔世。談到一九四九年父親被殺害的往事，老母親先是一陣痛哭，稍後卻以非常平靜的語氣對我說，因為父親曾經在國民黨政府做過事，共產黨來了以後，也是死路一條。為什麼當時她老人家會有此說法，我沒有追問。父親被殺害前，我逃走到外婆家，在父親被埋葬後才回家，沒隔幾天，自己就被抓當兵。父親被殺害的情形，並不十分清楚。現在才由旭輝自傳中，了解到較為詳細的描述。胡璉部隊殺害我父親，是影響到我一生經歷的原因，但從旭輝的自傳中，卻提到一九五八年初中畢業時，碰上了公社化，大躍進，提出政治掛帥。父親在解放前與鄉紳交往，寫過狀紙，雖被胡璉殺害，政治面目不明不白，加上大哥在台灣，屬於社會關係複雜，不是依靠對象，沒有升讀高中。旭輝的前途竟會受到已經逝世的父親政治立場及大哥被抓到台灣當兵的影響，未免太超過了吧！真是荒謬！由此推測，就可了解到老母親所說，父親因為在國民黨做過事，共產黨來了也是死路一條。那是老母親在歷盡苦難折磨後得以能夠生存下來的心靈寄託。不然你能怎麼樣？讀完〈大江大海一九四九〉這本書，更可了解到什麼叫做亂世人命如芻狗。讀歷史書記載，如黃巢之亂，太平天國之亂，八國聯軍之亂，南京大屠殺等等，只是會有某種程度的反應，但《大江大海一九四九》這本書所給予我的，卻是深不可及的無限共鳴迴盪。

憶念叔叔和金新哥

一九四九年到台灣的叔叔都不在了，他們一生的命運都被一九四九年改變了。他們離開老家的時候，父母都還健在，但是可以回大陸探親時，父母均已作古多年，連最後一面都沒有見到。

妙松叔在金門當兵時，因為籃球打得好，被選拔為師代表隊員。荒謬的是反而被師部用「體檢不合格」作藉口，剝奪了報考陸軍官校二十五期的資格。放棄籃球運動後，才得以進入陸軍官校二十六期。從此終其一生，沒有再玩過籃球。少校軍階退伍後仍以僱員身分在陸軍總部辦業務。一九九三年已經準備辭職以便返鄉探親，卻因盲腸炎，在榮民總醫院開刀時，變化成腹膜炎而逝世。最終未能完成返鄉之夢，空留遺恨。

森鳳叔和森泉叔是親兄弟，一起被抓當兵，老家僅留下雙親及妻子，開放探親時，父母雖已不健在，兄弟仍然很高興的出錢建造「鳳泉樓」供妻子及養子媳等人住。另外拿錢給養子到縣城買店面，可惜後來養子跑了，店面沒了。森鳳叔在台灣退伍後開小吃店，賺得一間三層樓店面兼作住家。晚年不該為了想要節稅，誤信他人意見提早將房屋過戶到兒子名下，結果因兒子被人詐騙而落得連住房都沒有，可謂因小失大。後來我倆見面時，他不願再談後代子孫之事，大概是很失望吧！

森泉叔民國二十年出生，和親哥哥同時被抓兵，到金門時在同一個營當兵。後來部隊調回台灣整編到裝甲兵部隊時，被誤寫為民國十二年出生，反而變成哥哥的哥哥。他想早一點能脫離部隊，將錯就錯。以上士階級退伍後，就住在湖口裝甲兵部隊營房外邊。夫妻育有一女。他晚年患糖尿病，靠注射胰島素維持健康。二〇〇七年冬，我返回台灣不久，接到他告知妻子車禍喪生的電話，立即趕去和他見面，商量辦理喪葬事宜，得到他的老同事協助，勉強辦完喪禮後，他萬念俱灰，一再表示此生苦難已受夠了！不想活了！苦勸無效！他放棄打針服藥，辦完妻子喪事後沒有幾天，即被送進新竹醫院，在加護病房中，幾度自行拔掉維生系統，掙扎求死。去探望他時已不再說話了。只見他雙手被拷在病床的扶手把上，掙扎不脫，渡過他的「求死不能」的最後二十天生命。想起來就會令人心酸不已！

森茂叔在廣東五華縣出生，小時候由思錦叔公收他為養子。一九四九年「賣壯丁」當兵，換得幾擔稻谷給父母。在台灣以士官長身分退伍，可能是短缺旅費，鼓不起勇氣再看一眼自己生育成長的故鄉。

思均叔被迫離開了新婚才半年的童養媳妻子，後來在台灣另娶的妻子，幾乎大半時間都住在「龍發堂」。幸福嗎？這些事是他願意追求的嗎？

這些叔叔們原來在大陸老家，除了妙松叔是高中學生外，其他人都在做事謀生。若不是一九四九年的變亂，他們的人生絕對不會是這樣子的下場。這個大時代的悲劇，留下來什麼樣的教訓？

金新哥在一九四九年和我一樣被抓當兵，他年歲和我父親差不多。共同擁有好幾代以前的祖先。論輩分要稱他哥哥。他一九五五年退伍後和一個同鄉在宜蘭縣南方澳海邊新生地墾荒，自謀生活。政府只發給他幾百元台幣，一床棉被蚊帳。多年後，他積存了一點錢，到台北三重埔買了一間房子住下來，改做小生意。生活非常克儉，後來結婚成家，仍然過著簡樸的生活。

我在成功大學讀書時，暑假在台北打工都住在他家，晚上在他家吃飯，離開返校時他還會給我點錢繳學費，待我像親兄弟一樣。

我結婚時在台北宴請親友的地點選在「新陶芳」飯店，主要是因為他和「新陶芳」有生意來往的關係。並且由他替我主持辦理。

一九六九年我在中壢購買第一棟房子時，他知道後主動表示有五萬元可以先給我用，等我有錢時再還給他。這分情誼，多麼難得！

他在大陸已結婚而且有一個大我一歲的兒子，因此，晚年仍然在設法接濟他留在老家的兒子，直至逝世前幾天還託付同鄉匯款給他兒子。令人感嘆！

龍應台《大江大海一九四九》出版時，北美世界日報九月二十日有篇文章〈流民地圖〉

認為：「這個世界，沒有真正的公平可找，戰爭教一大堆十八、九歲的年輕人猝然離開家園，奔波勞苦，最終捲進命運與死神的絞鏈中，他們扮演施虐者、受虐者甚至旁觀者都沒有什麼差別，同是悲劇的終場。」世界日報稍早曾於八月十七日連續三天刊載該書簡介，大意為……一九四五年日本投降，被派到台灣的『流氓軍、叫化子軍』的後面，藏著的歷史脈絡究竟是什麼？他們突然被通知，跨江渡海三天內來到一個陌生的海島，踏上碼頭的那一刻，想的是什麼？……投降的日本軍排列整齊，受降的國軍卻像叫化子，衣衫襤褸，想像一下那麼樣的場景，台灣人怎麼樣想？……一九四七年二二八事件的發生……等等。

幾位叔叔和我被抓兵時，同一批被抓的「兵」約三百人，在水口第三中學集結七天後，半夜用「興華客運」車載至湯坑，再走路到揭陽地區，繼續抓兵，編成「新兵大隊」。稍作整頓，然後穿著各形各色的自己衣服，腰間帶著自用的碗筷，肩背著米袋條，由老兵押著，像軍隊？還是像俘虜？沿途走走停停到汕頭，關在碼頭上暗無天日的倉庫裡，幾天後上船出海至金門，登岸當晚就聽到槍聲。第二天穿上軍服，正式「下放」到連隊。這就是我們從大陸到金門島的親身經歷。在小金門當兵的日子，白天做工，晚上輪班站衛兵。做的是什麼工呢？挖掘壕溝，蓋碉堡，隨著老兵去拆民房，作為蓋碉堡的材料，連長看見那一棟房屋順眼就拆那一棟，士兵都變成前述的「扮演施虐者」。一九五二年考進陸軍官校前，在金門做工修「中央公路」時，看到那批很眼熟的「興華客運」在行駛，連車箱旁招牌都沒有改換。那時候的軍隊就是那種德行。能受後人的「責備」嗎？

再印證前面所述的，北美世界日報九月二十日那篇文章〈流民地圖〉認為：「這個世界，沒有真正的公平可找，戰爭教一大堆十八、九歲的年輕人猝然離開家園，奔波勞苦，最終捲進命運與死神的絞鏈中，他們扮演施虐者、受虐者甚至旁觀者都沒有什麼差別，同是悲劇的終場。」

假如真有前文世界日報所稱：「……一九四五年日本投降，被派到台灣的『流氓軍、叫化子軍』……」。再比較一九四九年胡璉部隊在廣東抓的兵，一路走來，穿著各形各色的自己衣服，帶著自用的碗筷，肩背著米袋條，由老兵押著，像叫化子軍？還是像押解俘虜？

請問各位讀者諸君，你們怎麼樣說呢？我是其中之一員，只能無言以對！

劉光漢

今年春節期間，循例打電話回台灣問候光漢叔時，得悉嬸嬸在家中睡覺時從床上跌倒，送醫院檢查治療，沒有骨折，但意識不清，生活不能自理，住在養護中心。這次回台，特別前往探望。

四月二十二日晚上打電話給光漢叔，約定明天去他家見面，然後去看嬸嬸。他要我邀劉雨聲一同前往。第二天和雨聲抵達他家時，卻看到雲湘在座，據說是雨聲提議邀請雲湘參加。稍作寒喧即由勤興駕車至養護中心探望嬸嬸。她的健康狀況不佳，經光漢提示並點名告訴她後，才似乎有些反應。然後仍由勤興駕車至「蘇杭餐廳」午餐，同時加入勤興的女友蔡琦博士及勤興的十六歲兒子上豪。

光漢叔是我同村的長輩，比我大好幾歲。小時候一起到鄰村愷元學校上學。所以我倆曾經同學，他輩分高，因此稱呼他為光漢叔。

雨聲、雲湘和我是水口三中同班同學，雲湘是光漢的外甥。初到台灣那幾年，我們彼此都不知道。後來取得連絡，是很偶然而且奇異的結果。

光漢在家鄉的名字是煥新，小學沒有畢業即投考防空學校，一九四九年隨軍來台後不久，就離開部隊自謀生活。

雨聲是志願參加胡璉部隊怒潮學校的，我在金門島當兵時，已由同鄉間得到消息而取得連絡。

雲湘是從香港來台投考政工幹校，經友人介紹和雨聲連絡上的。

故事的發展大概是一九五五年，光漢當時在台北踩三輪車，認識一些同鄉。雨聲在台北工兵署辦業務，他倆本來不認識，朋友邀約到光漢住處吃狗肉，才在交談中得悉我在台灣。雲湘和光漢也是見面後彼此介紹老家地址，談到父親的名字才知道原來是甥舅。自此以後，在台灣的家鄉人幾乎都連絡上了。光漢後來在台北煙廠工作，結婚後在台北三重劉金新家中住過一段時間，他的二個兒子勤興和勤安都在那裡出生。

金新哥和我一起被抓當兵到台灣。他年紀大，一九五二年部隊整編時離開軍隊，和另一位同鄉在宜蘭南方澳海邊墾荒種地瓜，做豆腐賣和養豬自謀生活。大約一九六二年，由光漢介紹在台北三重買下一間房子，便在三重住下，在市場謀生。他那間房子大約二十坪，前面為一小客廳，中間隔成三個小間，後面小廚房，角落為廁所，沒有浴室，洗浴時在角落用布簾稍為隔離，生活困苦可想而知。

我在成功大學讀書時，暑假到台北打工都住在三重金新家中。那時光漢已婚，住金新家中後面一間，金新住前面一間，我住中間。所謂三間，真實只是一大間用木板隔開，沒有房門，只用布簾。金新清晨要到市場，所以早餐和光漢一起吃，晚餐則和金新一起吃，我沒有付過錢給他們，幾年暑假都是這樣。他們和我沒有血緣關係，承蒙他們的照顧，感激不盡。七十年前和光漢一起上小學的情形記憶已很模糊，後來能在台灣奇異重逢的喜悅則記憶猶新。而大學暑假擠在三重金新家中的日子，生活雖然困苦但卻很充實。這些都是非常特殊的機緣，也是我人生旅途中很重要的一部分，特此記述並告知子女。

〈二〇一一年五月二十四日〉

劉雨聲

劉雨聲原名漢祥，到台灣後改名雨聲，是何原因不知道。他是在小學五年級時和我同班同學，然後接著同學至初中畢業。

他沒有被抓兵，自願參加胡璉部隊到台灣新埔鎮「怒潮軍政學校」受訓，後來搬遷到金門。

「怒潮軍政學校」是胡璉兵團的幹部訓練班，第一期結業後，派部隊任連隊准尉幹事或排長。據說國防部核准為上士，准尉是胡璉派任的。那是一九五〇年的事，我在金門胡璉部隊當兵，「怒潮軍政學校」第一期結業的陳國慶在同一個營當准尉幹事，同時考取陸軍官校第二十五期，在同一個隊入伍訓練。

劉雨聲和謝偉群、曾立權是「怒潮軍政學校」第二期，他和我在台灣取得連絡的情形，記憶已經不甚明確，大概是同鄉人之間傳遞訊息而得吧！印象中，他很早就從金門調到台北陸軍總部工兵署辦業務，我曾經從他那裡得到一些免費的軍人公差火車票。

劉光漢和他本來不認識，因為很巧的機緣相見後談起，才能夠和我取得連絡的。茫茫人海中卻有這樣子的機緣，實在難得。

劉雨聲很早結婚，婚後生活困難是不能避免的。好在上下班的工作，可以照顧家庭。而且沒有幾年就分配到眷舍，比在部隊中工作舒適多了。

一九六〇年參加大專院校聯合招生時，我沒有高中畢業的證件，報考的梅州高中臨時畢業証明書是他弄來的。說起來真荒謬！陸軍官校畢業比照專科學校學力是教育部核准的，但卻沒有報考大專院校的資格，弄個假證件卻能准考，多諷刺！

一九六一年再度參加大專院校聯合招生時，我已經取得軍中隨營補習教育高中同等學力証明書，符合報名資格。那一張梅州高中臨時畢業証明書就撕掉了。

比較起來，劉雨聲的人生歷程應該算是不錯的了。年幼時家中算是富裕的環境，從軍後都是在機關裡辦業務，工作輕鬆。少校官階到頂便退休，到中華航空公司服務一段時間後再度退休。

在台灣的朋友當中，他是和我比較有來有往的人。兩家人相聚的機會亦較多。我們移居美國後，每次回台灣，總是會找機會見面聚餐。將近七十年的友誼，就這樣平平淡淡的走過來了。寫此短文用以記錄在人生道路上有這麼個朋友，交情雖然平凡，但亦是很難得也。

〈二〇一三年六月十二日端午節〉

曾立權

曾立權先生於一九四九年隨胡璉部隊來台灣，接受「怒潮軍政學校」訓練後，在軍中任職。我倆經由劉雨聲介紹認識後常有往來。我移民美國後返台灣時偶有聚會。有些值得記錄下來的回憶。

二〇〇九年十一月由曾立權夫婦介紹參加桃園市曾氏宗親會旅遊團到越南旅遊，團友非常友善，很愉快的享受了旅遊的樂趣。

二〇一〇年四月二十日，返回台灣的第二天，要去中壢市辦事，從住處搭市民免費公車至桃園縣政府站下車，改乘桃園至中壢公車時，竟然在車上遇見曾立權夫婦，真是巧遇，這是第一次。

二〇一二年十月二十八日，天氣良好，預定到大溪走走。因桃園客運公車在後站發車，交通不甚方便，遂由住處搭市民免費公車至市區，再換公車至大湳下車，打算換乘往大溪的公車時，見到往石門水庫班車經過，臨時改變主意，上車後竟然巧遇曾立權夫婦在座。得知他們前天才從大陸旅遊返回，搭乘公車去朋友家玩，真是有緣，這是第二次巧遇。接著他們邀約參加十月三十日瑞人聯誼會舉辦的桃竹苗健康活動一日遊，兼作紀念謝海籌烈士入祀忠烈祠。謝海籌先生曾任廣東省興寧縣長，一九四九年大陸撤退時留在家鄉擔任游擊隊司令，後來遭受到共產黨殺害。其子女三人隨胡璉部隊來台灣，謝天助軍官學校二十四期畢業，謝天霖，謝天然政工幹校畢業。此次一日遊為謝氏舊屬及其子女主辦。謝天然在政工幹校讀書時，曾經由謝偉群介紹在台北市見過面，雙方沒放電，一點火花都沒發生。此次旅遊她沒有參加，相信就算見到面，彼此都不認識了。

二〇一二年十一月二十六日曾立權夫婦邀約參加台北市興寧同鄉會聚餐時，彭佛金談起他在一九四九年農曆閏七月二十五日被胡璉部隊抓兵至水口三中集合，八月一日半夜乘車至湯坑，後來走路到揭陽、汕頭，然後上船在海上七天六夜，到金門後編入部隊。聽到後非常驚訝他竟是和我同一天被抓兵的同鄉，在同一個團當兵。以前幾次興寧同鄉會聚餐，他都沒有談過那些事，而且我亦是第一次知道是在那一天被抓兵的。因為那時候父親在家門前突然遭到胡璉部隊槍殺，母子正不知道以後要怎麼辦的時刻，自己又被抓兵，腦中幾乎茫然無知，只是迷迷糊糊的被迫隨著他們走路罷了，完全不知道是何月何日。

二〇一二年十二月八日曾立權夫婦邀約參加台中市聚餐，成員都是曾立權的舊識，其中一位鍾選是我在軍官學校的同學，畢業後就沒有見面過，歲月催人老，在路上遇見都不認識了。因為有這趟台中之行，決定餐後轉赴高雄市，參加第二天晚上在高雄市世運主場館舉行的張惠妹歌唱會。第一次開洋葷參加歌唱會，料想不到約有四萬五千名觀眾，場面非常熱鬧，前所未見，留下深刻的美好記憶。

此行返台二個月，行程非常緊湊。親友相聚都是談論彼此健康狀況。唯有曾立權夫婦邀約參加的活動，只談快樂不談其他，甚為感謝，特此記述。

〈二〇一二年十二月十五日〉

張維明

張維明［1933/10/29~1972/10］山東萊陽人。一九四九年從大陸到台灣，先在部隊當兵，後來政工幹校畢業。一九六一年參加大專學校聯考，分發私立中原理工學院，已經註冊入學而被國防部勒令退學。當年國防部准許現役軍人報考公立大專學校理工科系並限制五十名員額。張維明不服，遂以「現役軍人就讀大學，國防部只發軍人薪俸，就讀公私立學校並無任何差別，而且也沒有超過五十名員額為由。」寫報告向參謀總長彭孟緝陳情，在總長公館門前徘徊時，被警衛認為形跡可疑而加以盤查。經瞭解狀況後，暗示總長返回公館的時間。在總長抵達公館時，張維明敬禮報告，而得以將報告送出。總長批示交人事次長室研究辦理。恰巧總長隨從官亦是張維明的政工幹校同學，承辦業務參謀正在煩惱，覺得才發佈命令要他退學，思考怎麼處理的時候，又接到隨從官電話詢問辦理進度如何？於是找下台階通令考取私立學校者都准許入學就讀。王大庚就是這樣的受益者，他考取私立大學並沒有抱任何希望卻接到國防部的通知准他入學，後來才知道是張維明爭取來的。王大庚後來取得博士學位在中科院服務。

張維明在一九六二年轉學考進成功大學電機系就讀，一九六五年畢業後派到陸軍官校普通科學部電機系任助教。

一九六六年夏，我成功大學畢業後，派到陸軍官校普通科學部數學系專任助教，在預備學生班授課。因預備學生班畢業學歷比照高中畢業，課本採用教育部核定「高中新數學」版本。也許是教師教得不好，也可能是學生的問題，學生考試的成績，數學科成績不及格者太多。系主任在教務會議上轉述校長張立夫將軍的指示：「只有不及格的老師，沒有不及格的學生。要因材施教，培育出文武全才。」

張維明在教務檢討會上批評課程表安排有問題，每天最好的時間，都在出操，上普通學科時，學生因為疲勞容易打瞌睡。建議調整普通學科的授課時間。並建議高級將領將子弟送入軍官學校就讀，以作示範並蔚為風氣。校長在教務檢討會議記錄上批示查報該員背景資料。

一九六七年，張維明與我同時考進成功大學研究所而離開陸軍官校。

張維明和我讀成功大學研究所時住同宿舍，那是上下舖，共用一張書桌。他已婚住台南安平他岳家附近。因住宿費中科院補助，他申請宿舍和我共用。他只偶而中午來休息一下。在研究所就讀期間，同樣接受中山科學研究院的學雜費用的補助，畢業後照常理都應派到中科院服務，但張維明卻被派中正理工學院擔任講師。經向主管機關查詢原因，沒有獲得任何解釋。

一九六九年梅芳和我結婚時，在中壢租房子，是新建好的。張維明亦搬來住在隔壁。

梅芳在婚後不到一個月又出國，那時候眷屬出國要報國防部核准後才可以，她沒有申報，所以中科院不知道。後來她要我買房子，我就在附近訂購一間興建中的預售屋，房屋登記在她名下，房屋建成過戶登記要印鑑證明時出了點麻煩。因為印鑑證明要本人親自辦申請才可以，我就請張維明太太一起去戶政事務所，填表蓋章都是我辦，張維明太太沒有說一句話就拿到了印鑑證明。

一九七二年九月我出國進修，沒有多久就接到梅芳來信告知張維明逝世的消息，讓我非常震驚而難過。

二〇一〇年我寫了篇〈悼念張維明先生逝世三十八週年〉，投稿世界日報上下古今版希望刊出後他的兒子能看到，但沒被刊出。

筆者於一九七二年九月赴美國研究所進修，抵達美國沒有多久，即接到張維明逝世的消息，感嘆人生無常，心情深受影響。返回台灣後，張太太已離開原住地址，搬回台南安平娘家，因而失去連絡。後來有一次在中科院和王大庚見面時，談到一九六一年張維明向參謀總長寫報告，因而同時受益才得以入學之事，欲至張維明墳前上香悼念。詢問他的墳墓所在，未能作答。假如當時積極一點，找到他的墳墓地址，大概應該沒有困難。如今回憶起來，甚感愧對老友。

筆者與張維明在成功大學讀書時，因為都是現役軍人身分，時有過從。在陸軍官校同事一年，都住在單身教職員宿舍。在成功大學研究所就讀時，又在研究生宿舍同寢室二年，在中壢市鄰居三年，可謂友誼甚深。際此張維明先生逝世三十八週年，謹藉此致上深沉的悼念。

成人學校

美國的成人學校教育是一項德政，免費提供服務。對象很廣泛，有高中同等學力教育，亦有英文第二語言教育（ESL），亦提供部分收費訓練。

一九九二年來美後，到山景城（Mountain View）成人學校，參加 ESL 訓練。它分為初級、中級、高級、及進修班。每班級一年為期。我先參加高級班，一個月後老師認為我英文程度不適合她的班，要我轉到進修班。一年結業後，學校徵詢意見，參加英語會話俱樂部 [English Conversation Club]。依照規則也應該一年結業。但是學生不很多，老師讓我們留下來。年輕人流動性很大，約有十多位年紀大的便成為基本學生。這些人有大陸醫生，台灣的中學老師，律師事務所助理，在美國工作多年的退休人員等，基本上英文都還可以，只是發音或表達能力差些。我就在這裡渡過了十四年。起初每週五天，後來改為一、三、五，老師和同學們近似朋友，相處非常愉快。每年分為秋季班、春季班、暑期班，期末舉行一些活動，由同學介紹故鄉風俗，說故事，才藝表演，Pot Luck，Elephant Game 等。

有位同學黃志平 [Charles]，年紀大我十二歲，身體非常硬朗，一個人住在 Sunnyvale，週末常邀請同學到他家裡聚會。初期是打乒乓球，後來改為搓麻將，起先擺二張桌還要輪流上陣，後來四人幫都難湊齊。搓麻將純粹為比較技藝，八圈或時間到了就結算成果。彩頭一美元由輸家提供。黃志平技藝最高，被尊稱為麻將學校校長，我自封為副校長，累次向校長職位挑戰，但總是敗下陣來。

二〇〇六年，我在整理院子時腰部扭傷，醫師建議游泳復健，遂停止上學。改為每天到YMCA 健身迄今。

在成人學校期間，我曾嘗試練習翻譯，也曾對時事作過建言，投稿世界日報社並蒙刊登。翻譯取材自上課用的教本，都是小品文。

名人軼事——門與狗

惠斯勒 (James Abbott Moneill Whistler) 為十九世紀美國畫家。在他於一八六三年展出著名的「白衣服的少女」畫像之前，其機警與自大之怪異即已為眾所週知。惠斯勒之名言到處都為人所引用。

一八六三年此美國畫家定居於英國倫敦，從事繪畫與教授，並深具影響力。

惠斯勒之怪異可由下一事例作一詮釋。惠斯勒深為寵愛他的法國捲毛狗。有一次，他的捲毛狗喉嚨受了感染。他以超乎尋常的關心，送去倫敦一位著名的喉科專家麥肯濟爵士(SirMorellMacKenzie) 處求診。

除了惠斯勒之外，任何人都可以察覺到麥肯濟爵士被召診治一條狗而生氣。但麥肯濟爵士抑制了他的憤怒而未置一詞。他僅開了藥方，收取費用而去。

第二天早晨，惠斯勒接到了緊急電話去看麥肯濟爵士。惠斯勒猜想可能與他的捲毛狗有關，遂丟下手邊工作，匆忙地趕到麥肯濟爵士處。

麥肯濟爵士以充滿自信之姿態向惠斯勒問候：「早安！惠斯勒先生。非常感謝你立即就趕來了，我要商請你油漆一下我的前門。」

名人軼事——愛因斯坦解相對論

愛因斯坦（Albert Einstein，1879~1955）是公認為二十世紀的頂尖科學家。他的相對論，是原子時代的先驅，對科學界的思想，具有革命性的影響力。但因其複雜性，僅有少數人能瞭解它。

有一天，愛因斯坦在他居住的美國普林斯頓社交場合中，被要求解釋他的相對論。女主人說：「我知道它非常複雜，但也許你能給我們一些啟示。」

這位和藹可親的物理學大師說，他最好用一個故事來揭露他的理論。賓客們遂圍繞在他的四周仔細的聆聽。

愛因斯坦說：「有一次我和一位眼盲的朋友在鄉下散步。那天非常熱，我和我的朋友在太陽的直接照射下，弄得汗流浹背。我提議喝一杯新鮮牛奶的飲料，也許可以使我們涼快些。

『牛奶？』我的朋友說：『飲料我知道，但什麼是牛奶？』

我告訴他：『牛奶是一種白色的液體。』

『液體我知道，但什麼是白色？』

『那是天鵝的羽毛的顏色。』

『羽毛我知道，但什麼是天鵝？』

『天鵝是一種有彎曲頸子的鳥。』

『頸子我知道，但是什麼是彎曲的？』

在這個節骨眼上，我的同伴已瀕臨於不耐煩了。於是，我拿起他的手臂，並把它伸直。

『這是伸直』我說。然後把他的手臂在手肘處彎曲。『這就是彎曲』

『啊！』我的眼盲朋友說：『現在，我瞭解你說的牛奶的意義了。』」

愛因斯坦微笑著結束了他的故事。接著全場一陣子的寂靜。

「啊！」那位女主人終於說：「現在，我想我知道這個解釋相對論的問題所在了。」

名人軼事——羅斯福答辯以短取勝

美國第三十一任總統富蘭克林．羅斯福(Franklin D. Roosevelt)，剛出道在紐約市當菜鳥律師時，一開始便受命替一件複雜的民事官司的被告辯護。

對方律師是一位法庭經驗豐富的年長者，善於詭辯，而且特別是在陪審團面前作辯論時，更是能言善道。他用惡意的道聽塗說來批評被告，並且極端奉承陪審團。他以豐富的法律知識，在法庭上佔有壓倒性的優勢。然而，他犯了嚴重的錯誤。他像連珠砲一樣的嘮嘮叨叨了將近二個小時。

羅斯福注意到了陪審團員沒有多久便變得疲倦不堪。事實上，在經過此律師的冗長轟炸之後，陪審團員已經被搞糊塗了。

等輪到羅斯福答辯時，這位年輕的律師面對陪審團說：「紳士們，你們已經聽到了事實真相。你們也聽到了我這位傑出同業的精彩演說。假如你們相信他所說的，而不相信事實真相，當然你們就要作出偏向於他的裁決。這就是我要說的全部。」

經過十五分鐘之後，陪審團走了出來，作出「無罪」的裁決。羅斯福的當事人立即獲得無罪釋放。

名人軼事——名人糗事一籮筐

貝多芬（Beethoven）拉小提琴手笨笨的。寧願作曲而不願改善拉小提琴的技巧。他的老師說他毫無希望當一位作曲家。

* * *

查爾斯・達爾文(Charles Darwin)進化論之父，放棄了他的醫業生涯。他的父親對他說：「你除了打獵、狗捉老鼠多管閒事以外，不關心任何事情。」在他的自傳裡，他寫下「我被長輩們及我的父親認為是一位非常平凡的小孩，才智在一般水準之下。」

* * * *

著名的美國製片家，狄斯奈樂園的創立者——華德・狄斯奈(1901~1966)曾經被一家報社編輯以他缺乏理念而將他解僱。在創立狄斯奈樂園以前，他曾經多次破產。

* * * *

著名的科學家愛因斯坦(Albert Einstein)，四歲才會說話，到七歲時才識字讀書。他的老師描述他為「低能，永遠沈迷於愚笨的夢中。」

* * * *

「戰爭與和平」的作者，利奧・托爾斯泰(Leo Tolstoy)，在讀大學時成績不及格。他被形容為「不能夠而且不願意學習」。

* * * *

理查・巴哈(RichardBach)的天地一沙鷗(Jonathan Livingston Seagull)，曾經為十八家出版商拒絕過。最終才於一九七〇年由麥克米蘭(Macmillan)出版。到一九七五年時，僅在美國的銷售就超過了七百萬冊。

名人軼事——阿格西茲不浪費時間賺錢

阿格西茲教授(Louis Agassiz 1807~1873)，美籍瑞士人，是一位動物學家及地質學家。他是哈佛大學極孚眾望的演說家。「哈佛比較動物學博物館」的創立者，美國自然史的作者。

阿格西茲教授因有感於太多的活動，會妨礙研究工作，因此，決定不再作公開的演講。

有一天，某一社團負責人，請求阿格西茲教授擔任該社團活動的主要演講人，他禮貌的婉拒了這個邀請。

偏偏這個人是一位不願接受拒絕的人，於是對他說：「阿格西茲教授，擔任演講除了榮譽以外，社團將致送豐厚的酬勞，沒有人能拒絕此項提議的。」此粗魯無禮的傢伙，試圖以金錢來誘惑教授接受邀請。

這樣的話使得一向溫文有禮的科學家反彈了。他輕蔑的瞪了這個傢伙一眼，用不屑的口氣說：「先生，那個不是誘因。我浪費不起時間去賺錢。再見！」

名人軼事馬克吐溫遇上對手

馬克吐溫(Mark Twain)的幽默是世界有名的。他的談吐有趣，總是贏得別人的讚賞，很少人比得過他。

然而有一個人是例外。那個人是尚西•德費(Chauncey Depew1834~1928)，著名的演說家，曾經做過鐵路公司的董事長，美國國會參議員。那件事發生在一次宴會中，他跟隨在馬克吐溫之後，發表晚宴後的演說。

晚宴後，首先由馬克吐溫發表了二十分鐘的演說。所有聽眾，都對其機智的談話，鼓掌讚賞。

當馬克吐溫坐下之後，德費站起來說：「宴會主持人，女士們及先生們：我必須先作一招供。就在此晚宴之前，我和馬克吐溫先生曾經私下商量，共謀今晚要矇騙各位，為各位帶來一點驚喜。我倆決定彼此交換講詞。」

聽眾嘩然而起。馬克吐溫亦在群眾大笑的聲浪中，驚訝的站了起來。

德費繼續假裝害羞的說：「馬克吐溫剛才發表了我的講詞，我非常感謝你們高興的接受它。但是，我也非常抱歉的告訴你們，我丟失了馬克吐溫的講詞。我除了記得一些之乎者也以外，其他的都忘記了。」

聽眾捧腹大笑。德費在如雷的掌聲中坐了下來。

馬克吐溫笑得比其他任何人都厲害，並且說：「你這個老狐狸。這是我所遇到最徹底的驚訝。」

註記：門與狗〈刊登於一八六九年六月十九日世界日報上下古今版〉

愛因斯坦解相對論〈刊登於一八九六年八月十五日世界日報上下古今版〉
羅斯福答辯以短取勝〈刊登於一九九七年七月廿五世界日報上下古今版〉
名人糗事一籮筐〈刊登於一九九七年八月六日世界日報上下古今版〉
阿格西茲不浪費時間賺錢〈刊登於一九九七年九月四日世界日報上下古今版〉
馬克吐溫遇上對手〈刊登於一九九七年九月六日世界日報上下古今版〉
以上六篇，世界日報總共付給我稿酬 51.5 美元，平均約每篇 8 美元。

誰來保衛中華民國

中華民國自一九一二年成立以來，幾乎一直處於風雨飄搖之中。早期軍閥割據，接著日本侵略中國。一九四五年日本投降後，中共又「造反」。終於在一九四九年丟掉了整個大陸地區，中央政府撤退至台灣，統治範圍僅剩下台灣、澎湖及大陸沿海幾個小島。中共於一九四九年佔領中國大陸後，另外成立了中華人民共和國。外蒙古地區則稍早於一九四六年宣告獨立。於是在一九四五年之中國版圖內，出現了三個政府。亦可以說三個國家。不是「兩國論」，而是「三國論」。

中共政權為了掩飾其非法奪取政權，罔顧事實，宣稱「中華民國自一九四九年後，就是歷史名詞。」李登輝為批駁中共言論，宣稱中華民國在台灣，有人卻以台獨或獨台加以責難。

最近中共強力推銷所謂「一國兩制」，「和平統一」；美國則在推銷「中共放棄武力攻台，台灣放棄獨立」的中程協議，敦促兩岸進行對話及政治談判。

李總統遂在接受德國之聲訪問時，解釋目前兩岸之間是特殊國與國關係，以謀將來站在平等地位進行協商。這樣一來，卻引起中共強烈的反應，出動空軍飛臨台灣海峽中線，造成緊張氣氛。一時之間，輿論界似乎都一面倒地指責李總統是麻煩製造者。甚至於有曾經擔任過中華民國立法院院長者，也有曾經擔任過行政院院長者，都在附和中共的惡霸作風，說三道四。想當年，他們在位時，不是要反共抗俄嗎？為何現在變成這樣呢？

筆者在大陸出生，一九四九年未達兵役年齡即被迫到台灣當兵，現仍有親屬住在大陸。當然衷心盼望兩岸和平相處，最後能統一成為一個國家。但是像大陸政府說的「一國兩制，和平統一」，只要雙方坐下來談，什麼都可以談，誰也不能吃掉誰。」假如比照香港模式，結果便是中華民國被吃掉了啊！請問那些一再聲稱愛護台灣，保護中華民國的諸君，你願接受中共的「一國兩制，和平統一」的招降嗎？假如不願投降的話，就要站出來支持中華民國是主權獨立的國家這個存在的事實。〈刊登於一九九九年九月廿二日世界日報金山論壇版〉

中華民國在哪裡

自從陳水扁總統提出台灣海峽兩岸「一邊一國」的論調後，真正是議論紛紛。中共的批評，司空見慣，且不理他。但是所謂海外僑社，既然聲稱擁護中華民國，卻也大聲嚷嚷，居然附和中共的「一個中國」主張，所謂一個中國就是中華人民共和國。這就令人迷惑了。

中共最近要在北京召開「中華民國史實研討會」，不但要將中華民國的歷史，加以定義「中華民國於一九一二年誕生，於一九四九年終止」。而且要將中華民國人民抵抗日本侵略中國的戰爭，加以竄改為共產黨人幕後領導之下「國共合作」，才全面對日抗戰而取得最後勝利。至於抗戰勝利後的共產黨內亂，則稱之為「國共內戰」，內亂與內戰，一字之差，意義完全不同。他們甚至強調，古往今來，勝者為王，敗者為寇。於是中華民國於一九四九年被中華人民共和國取代了。這就是他們想要定義的「中華民國史」，信不信由你！

可是，事實上在一九四九年中華民國政府撤退到台灣，管轄地區雖然失去了大陸，但卻仍然有效地統治著台灣、澎湖及大陸沿海幾個島嶼。依照國家的定義，領土、主權、人民，都具備齊全。陳水扁總統說：「一邊一國，主權對等」。本來就是一種事實的敘述，為何引起這麼大的爭議呢？筆者於一九四九年，尚未到達兵役年齡，在大陸被強迫「參軍」到台灣，為中華民國奉獻了一生中的黃金歲月，有資格見証中華民國在台灣存在的史實。

中共為了徹底消滅中華民國，提出「一國兩制，和平統一」這個主張，其實已承認現在不是一國，否則何需統一。但是他們偏說「一國兩制，誰也不吃掉誰」，就未免是自欺欺人的天方夜譚了。海外僑社贊成統一，可以理解。但既然聲稱擁護中華民國，卻又附和中共的

「一國兩制」主張，恐怕就自相矛盾了。俗語說：「天下本無事，庸人自擾之」。我們身居海外，關心大陸，台灣，是人之常情。但是假如為了張富美女士的「僑分三等」一句話，就弄成僑分三派，未免不值得吧！

至於在台灣的一些政治人物，真有一部分「語不驚人死不休」的。就有那麼一個人，當了十二年中華民國的總統，卻居然說中華民國是外來政權。大部分民進黨人，本來是主張建立「台灣共和國」的，但是他們以選舉方式取得中華民國政府之執政權後，竟有人得意忘形的說：「台灣共和國」現在已經「借殼而生」，將來更要「借殼而出」。

於是，筆者懷疑自己是否在作夢中。曾經問過許多周邊的人，中華民國怎麼樣了？他們回答的都是各說各話。

有的說：台灣海峽打了一仗，中華民國被中華人民共和國消滅了。

有的說：不對，是打了一仗，但是台灣贏了，中華民國變成「台灣共和國」了。

有的說：都不是，而是共產黨的老頑固派和台灣的獨派都老的老了，死的死了，雙方和談了。中華人民共和國，中華民國都換了「新的招牌」，他們統一了。

冒昧地提出這個「問題」，中華民國在哪裡？中華民國在那裡！

〈刊登於二〇〇二九月廿一日世界日報金山論壇版〉

後記：

世界日報曾經刊登過兩篇文章，「胡璉將軍海葬三十周年祭」，及「陸軍官校校長張立夫將軍」。因為曾經在他們二位間接領導下工作過，對那兩篇歌功頌德之詞，有些不一樣的感觸，遂寫出「胡璉將軍海葬三十周年祭讀後感」，及「張立夫將軍名言──『只有不及格的老師，沒有不及格的學生』」投稿世界日報，唯未蒙採納。於是認為世界日報金山論壇版，雖然標榜為公開園地，卻不願開放公開討論。以後就沒有再投稿的興趣了。何況，金山論壇不致送稿酬，也不退還未用稿件，在那個「爬格子」的年代，作法很值得商榷。〈二〇一二年五月十五日〉

〈成人學校〉完稿後，寄給黃志平，同享搓麻將話題，他回應：

「Hi，Kevin，

你的生花妙筆，寫下了我們這群背景酷似的老學生們永生難忘的美好記憶。時過境遷，往事如雲。套句歌詞：「去哪兒尋找我們往日的舊夢？！」

謝謝你的大作。

Charles」

鄒成虎同學

鄒成虎是我在成功大學及研究所的同班同學。在大學部時彼此交往不多，但在讀研究所時，住同一棟研究生宿舍，情形改變很多。那時候研究生宿舍，二人一間，上下鋪，我和張維明一間，他和陳傳鎬一間，實際上是我和他都是各自獨佔一間。恰巧他有一個高中同學徐震城在空軍服務，申請到插班就讀成功大學三年級，於是就住在他的房間。週末晚上，有時候三個人一起到台南夜市消費。徐震城對夜市一位女店員頗有好感，我倆從旁猛敲邊鼓，增加很多樂趣。後來女主角認為彼此教育程度差太多，沒有進一步交往。

一九七〇年，蒙鄒成虎介紹到龍華工專兼課，他的岳父當龍華工專副校長，優待聘任我為兼任副教授，直到一九七四年辭謝為止。

一九七三年，我在美國聖母大學研究所畢業後，依規定有二個星期公假，可在美國參觀旅遊。鄒成虎在紐約水牛城進修博士學位，我到他家裡作客。他載我去尼加拉瀑布參觀，當天曾經過橋到加拿大那邊觀賞。第二天他載我去蒙特婁時，在邊境被擋駕。我當時持用公務護照，加拿大不承認，後來說明前一天曾經過境，為何今天卻不可以，關員用電話查證後，遂放行過境。

成虎獲得博士學位後在加州灣區 Lockheed 工作，有時候我出公差若經過舊金山，他會來機場接到他家中停留一晚，熱情的招待我及同僚。

一九九〇年，我們辦理移民時，我要繼續留在台灣工作，梅芳帶領子女來美。承蒙他大力協助，從租房到子女就學都妥為照料。

一九九二年，我從台灣退休來美，因為國籍關係，在台灣的工作經驗完全用不著，只好到成人學校再度重溫學生舊夢，打發時間。成虎曾經有一次介紹某大學任教者餐敘，原意希望他能引介一份工作，結果卻是他希望能介紹進中科院擔任顧問。以後就再也沒有考慮就業的問題了。

成虎有一位高中同學于同森，政工幹校畢業，在美退休住在灣區。近年來，時有午餐聚會，對台灣政治和社會狀況常有電郵交換心得。二〇一一年我們回台灣仍然保持連絡。二〇一二年二月，同森表示三月中旬會回台灣一個月，詢問我的行程。經由電郵連繫，三月初我們回美後找時間聚餐，選在新開張的餡餅店。

成虎比我小十二歲，現仍在 Lockheed Martin 工作。曾經在某次餐會時，談過彼此生日，我曾告訴他們沾「媽祖」的光，同一天過生日。原來有意在農曆年生日請他們聚餐的，因為醫院檢查結果出乎意料，心情不佳沒有實現。乃寫下「閒聊」傳給他們二人，盼能添加一點生活樂趣。沒想到成虎更有高招，吟詩作詞，甚為有趣。現將往來郵件抄錄下來，作為生活點滴：

〔最近升級到「三高族」了。上個月叨擾成虎飽餐一頓之後，回到家，我老婆就說四月分要作東請你們，並付諸行動向子女募款，用替「老爸過八十歲生日」的名義，款額早已入袋。現在「媽祖」早已回鑾，時過境遷，只能說一聲抱歉，支票還沒開出就跳票了。上個月我在醫院作年度檢查，被醫生宣告升級到三高族，高血壓、高血糖、高膽固醇。著實不敢相信。原因可能是在台灣三個月期間，飲食不正常，而又運動量不足所致。我有高血壓已有好幾年的歷史，服藥控制尚可。血糖稍為高一些，在糖尿病前期的範圍，醫生恩准免服藥。膽固醇很正常。在台灣曾經作過健康檢查，受警告項目只有體重過重一項。怎麼著才相隔三個月，竟來個「三級跳」，難免很失望。醫生開出藥單，暫時仍在抗拒之中。希望再努力二個月，看看能否返回免藥的範圍。

讓我吹噓一下，去年九月分，在家中後院做粗工還很得意有些成就，以附件為証。才相隔半年，現在可沒有這份勇氣了。八十歲這個門檻，怎麼差這麼高呢？

在這兒嘮嘮叨叨什麼意思呢？是想用此實況為例，奉勸二位把握住健康的「黃金十年」，別嫌嘮叨啊！佩服同森秋天到北極挑戰，成虎有何打算？

附件〈八十歲老漢自建後院菜圃 .doc〉〕〈二〇一二年四月廿九日〉

過幾天後，成虎從費城回郵如下：

〔哇噻真厲害，後院來種菜。

上噴水灌溉，下網防鼠害。
建設堅又美，想起金門來。
吾兄老彌堅，定能越歲百。
三高乃通憂，弟亦未例外。
多謝兄警語，吾也屆年邁。
健身須恆久，心寬笑口開。
食飲必自制，病痛遠身外。﹜

當我收到此回郵後，再三捧讀，覺得寫得真好，非常切入場景。乃再度表示：﹛多謝詩人捧場﹜。於是又有下文：

﹛詩人太沈重，文字靠瞎矇。
懶人愛短句，看有懂就成。
一笑。﹜〈二〇一二年五月三日〉

接下來，我用「成虎超越胡溫」為題再度去函如下：

﹛大陸的領導人很喜歡在宴客的場合引用古詩，再切入話題。成虎技高一籌，自創詩文，令人佩服。想起以前有個壓箱底的寶貝，現在把它翻出來。那是二〇〇九年我一位堂弟寫的「游子回鄉」，他當過小學教員，場景我已在附件中有解釋。﹜

附件〈游子回鄉.doc〉〈二〇一二年五月九日〉

附錄：「游子回鄉」

荒謬無奈到台灣，身歷苦難萬萬千。戎馬生涯真兇險，此命差點到黃泉。

棄武就文改出路，赴美留學再回台。成家立業育兒女，祈望回鄉報親恩。

兩岸解凍暖回春，終於回家見母親。兄弟叔侄互不識，歲月流逝不復回。

父母恩情似海深，兒女孝敬責任重。感謝兄弟盡孝道，手足之情心連心。

成虎回復如下：

﹛劉兄過獎了。井邊打水江邊賣，夫子面前秀文章吧！

吾兄的舊作，文情並茂，很能描繪出心情及感受，佳作也。﹜〈二〇一二年五月十日〉

十年河東十年河西

真是十年河東，十年河西啊！想當年幾乎沒人肯幹的行業，曾幾何時，竟變成為「坐享高薪」階級，挨「清算鬥爭」的情境。

一九四九年有一批「流亡學生」隨著政府走，到了澎湖就大部分被迫當兵。另外，也有許多被部隊從大陸撤退時沿途抓來的兵。這些兵後來的發展情況各異，有的成為榮民之家的「老榮民」，有的轉行當教員…有的當了軍官，甚至於上將都有。他們現在都退休了，而且也很多離世了。

因為以前軍人待遇低，要求向公教人員比照提高，後來國小教員比照軍人免所得稅，然後國中比照國小教員免所得稅。於是軍公教待遇幾乎拉平。現在軍公教都混在一起談。明年開始都要申報所得稅。要申報所得稅的另一意義就是所得待遇夠生活了。

這些日子，被「清算鬥爭」得最多的人，是退休軍公教人員。但是很多批評都是情緒化言詞。為此緣故，筆者願意提供一些數據以作參考。

一九五四年軍人待遇，管吃住外，月薪少尉一百一十元，中尉一百卌元，上尉一百五十元。

一九六〇年上尉月薪三百元，一九六九年少校月薪三千元，一九八七年上校月薪及職務加給共約五萬元。歷經三十多年的變化，薪資所得與時俱進，但自此之後，好像就停頓下來了。

如今的社會環境為何變成如此不堪？貧富懸殊不均現象非常驚人。一個被拍賣的二手皮包超過一百萬元，大學畢業生起薪才二萬二千元，難怪造成民怨。但是為何不思考何以至此？竟將民怨發洩的對象，指向退休軍公教人員，未免弄錯方向太超過了吧！

馬政府派「傳教士」到監察院，「算命師」到考試院，就是最大的問題。要談改革，這兩個機關，早就應該像「蒙藏委員會」進入歷史。台灣就那麼小的地方，幹麼要擺那麼大的排場。不思根本問題，只管皮毛，砍向退休人員。什麼90制、85制，都不是問題，那兩個「養老院」才是問題。只站在退撫基金立場考慮，而且當「算命師」，宣稱公務人員六十五歲退休，餘命十七年都算出來了。多無聊！「店」是這樣開的嗎？除非這個「店」熄燈打烊，否則就得照規矩辦事。老夫年屆八十，被他騷擾得「寢食不安」，該告他一狀才對。罪名嗎？就定為「騷擾老年人罪」吧！希望有同感的朋友一起站出來表達意見。

鄒成虎同學回應：〔世事多變化，怎能奈何它。
河東位河西，丐漢成大咖。
你我皆已老，苦笑看天下。
煩惱隨它去，混亂且由它。〕

八十感懷

時序進入中華民國一〇一年，即將年滿八十歲，回顧以往歲月，感觸良多。人生如夢，怎麼樣走到這個場景，好像都不知道。有感於美國醫療保健費用日漸增加，夫妻二人每個月健保費，合計超過一千一百美元，另外看醫生的掛號費及藥費仍有自付額要繳交，退休金錢乎都用在醫療保健費上，而在台灣則有榮民身分免付健保費用之優待，因此腦海中，時常興起搬回台灣居住的念頭。只因子女都在美國就業，兩老在台灣居住，若有病痛，他們亦會掛念，以至猶豫不決，實在兩難也。

民國一百年九月間，梅芳的睡眠狀況不佳，醫生診斷為鼻竇炎及甲狀腺出問題，但治療方法，卻莫衷一是。最後由家庭醫師採取保守療法服藥治療。接著因飛機票價漲幅太大，對於年底是否回台灣，舉棋不定，拖延到十二月初才回到台灣。很難得的在台灣和怡德一起渡過聖誕夜和新年。又一道去鹿港旅遊一天。他可能再半年後要換工作的環境。近來接受澳洲雪梨大學及香港大學的邀請約談，都提出優厚聘任條件，可能選擇其中一間大學任教。他現在任教紐約康乃爾大學，雖然是名校，但冬天太冷，我很贊成他能換個環境。

一〇一年一月三日我們參加旅遊團去菲律賓宿霧五天再回台灣，一月十四日就是總統及立法委員大選投票，非常熱鬧。選舉結果，馬英九總統連任成功。

緊接著就是農曆新年，今年假期很特別，前後都是週休二日，因此有連續九天的假期。我們自從一九九二年移民美國後，第一次在台灣過農曆年，真有點不習慣了。天氣濕冷，又下著小雨，真不知道作何消遣。在台灣經常有連絡的朋友已經不多，新年初一，打了幾通電話，祝賀新年快樂，好像是辦例行公事一樣。因為彼此生活圈子不一樣，共同話題不多了。

再打電話到老家，分別和煥璋叔，及錫芬、旭輝弟通話，他們近年來生活過得好些，彼此親情也維持得好些，知道後安慰不少。叔叔還開口邀我回去玩，算得上大有進步，聽了寬慰許多。回憶以前老母親健在時，因為我對兄弟叔侄之間情形不瞭解，造成許多不必要的困境，如今思及，真是深感抱歉。去年重讀旭輝自傳手稿，為了讓子女能瞭解我的出身家庭概況，特別用電腦轉寫成繁體字，並且寫下一點讀後感，回台後郵寄一份影本給旭輝，未曾獲得任何回應，今天電話中順便詢問，據說竟未收到，不知何故？

時間過得真快，回顧八十年歲月，總覺得似乎一生都在流浪，何處為家。阿德說家人在那裡，家就在那裡，但時代變了，家人為了工作方便，亦是居無定所。

時代變化真的很大，老家鄉下同樣也是變化很大，居民都搬到外地去了。煥璋叔住珠海，錫芬住興寧城，旭輝則縣城或水口輪流居住。正如前陣子見光漢叔時，他說族譜中，老祖宗曾有明訓，日久他鄉即故鄉。特此記述。

過完元宵節後，本已安排回美國，梅芳卻有點咳嗽，在附近診所看醫師，叮嚀要到大醫院檢查，遂赴桃園醫院看醫師，照X光檢查，醫生詢問拿藥回家治療還是住院？決定住院治療。住院七天，診斷為肺炎。出院回家後，夫妻詳細談論未來在那個地方養老，考慮到美國人工貴，醫療費用太高，子女各有工作，這趟回美國後，預定三年內要搬回台灣。

〈二〇一二年二月廿三日〉

回憶錄後記~要惜福要感恩

二〇〇九年九月歐洲旅遊回來，將以前所寫的回憶錄加以編輯整理，發現一九九六年所寫的〈我的回憶〉，因電腦更換時沒有存備份檔案，必須按照紙本再重新建檔，當抄錄到一九八九年八月，老母親以「難民」身分來到台灣後，談起父親被殺害的往事，老母親先是一陣痛哭，稍後卻以非常平靜的語氣對我說，因為父親曾經在國民黨政府做過事，共產黨來了以後，也是死路一條。事情發生那麼久了，仍然感到心酸和悲哀。現在將一些感觸寫下來。

一九九三年回大陸探親時，村裡有些人認為我到台灣，比他們在老家的人幸運。並詢問假如我一九四九年沒有到台灣，我會做什麼。當時我答覆說，可能當了共產黨的領導人。說的是玩笑話，但也許是有可能的事，誰知道呢？只是不能夠理解，我在那樣子的情況下到台灣，有何幸運可言。為什麼他們要那麼樣的說，難道他們過的日子那麼樣悲慘嗎？

當我進入成功大學那年，在路上遇到一位軍校同學，隨便閒聊幾句，他居然說，我在部隊被殺傷，因禍得福才能讀大學。真是莫名其妙！我沒有理他，掉頭就走。

劉道榮是在水口店的鄰居，也是我的初中同學。在他生前，我每次回台灣都會和他見面聊聊。有一次，他問我怎麼樣在被殺傷後調適心態，重新站起來。我說：「打落牙齒和血吞，否則還能怎樣！」

人生中有些事確實無法意料，是需要一點兒幫助，才容易渡過難關。

一九四九年被抓當兵時，是在父親慘遭軍隊槍殺之後才沒過幾天，心情非常的沮喪，不知道該怎樣活下去。幸蒙同時被抓的叔叔和同鄉們的開導，熬過那段痛苦的日子，後來體驗到妥協才能生存，才逐漸適應當兵的生活。

一九五二年軍官學校在金門招生，我沒有讀過高中，由營長出具保薦書，以同等學力資格報考。我不能確定其他考生是否有高中的程度，但從錄取成績由我領先來看，恐怕他們亦不見得有多少實力。

一九五四年軍官學校畢業，我雖然從一千多同學中獲得總成績第一名，但其他方面並不怎樣出色，所以沒有留校當教育班長。

一九五六年在砲兵學校初級軍官班受訓時，學員有二類，一類為軍官學校24或25期畢業者，另一類就是所謂「行伍出身」的軍官。我參加初級班四十五期，因為以前初級班各期第一名畢業生都是軍校第24期學長，和我同期受訓的25期同學，就鼓動我要為了25期同學的榮譽，以及官校第一名畢業的記錄，必須贏取這場競爭。最後雖然得到了，但是非常辛苦。訓練期間二十週，採用美國砲兵學校教育方式，常有隨堂測驗，每天都要專心上課，壓力非常大。和在官校的情況幾乎完全不同。可以說官校的第一名是自己都不知道怎麼會得到的，但是在砲兵學校則是被同班同學逼出來的。

一九五八年八二三砲戰，遭遇到生死之間一線之隔的險境。那種血腥混雜煙硝的氣味，一直在腦海裡迴盪，反覆思量今後的人生道路該如何走。那時候國防部准許軍人報考大學，回台灣後下定決心要讀大學以便能離開部隊。

一九六〇年參加大專聯合招生沒有被錄取，九月十三日莫名其妙的被士官長殺傷，再度遭遇到身心之傷痛。那次軍中暴行事件，主要原因是老兵的心理問題，我那時還算年紀輕，不能理解到那個層次，遭到無妄之災。住在台南第四總醫院時，有位醫官是我一位軍校同學的朋友，特別關照，讓我在療養病房住下將近一年。病友的苦難情況及不受打擾的環境，讓我得到啟示並調整心態。認定唯有考進大學，才能脫離人生的苦海。

我不相信所謂大難不死必有後福的說法，但是一九六一年進入成功大學後，確實改變了我的人生旅途方向。當時必須保留軍人身分，薪俸解決了大部分的學雜費用。另外承蒙叔叔及金新哥資助一些費用，順利的完成大學教育。從此進入比較平坦的人生旅途。

一九六七年國防部籌設中山科學研究院，我獲得機會再度考取成功大學研究所，學雜費用及住宿費由中科院全額補助，軍人薪俸作為日常生活費就很夠了。加上已經和梅芳訂婚，心無旁騖，專心讀書。那二年是我人生中最快樂的日子。

一九六九年和梅芳結婚後，起初在中壢租房子住。蒙金新哥借款五萬元購得一間預售屋，一九七〇年四月便遷入新居。這間房子購置總價約13萬元，一九七三年以42萬元出售，獲利頗豐。後來一九七七年在逸園購買土地及建造房屋，總價約一百五十萬元，一九九一年以兩千萬元出售。才有能力買下美國及中壢的房子。這兩次購屋的獲利，讓我們能安安穩穩的過退休的生活，我覺得要惜福，要感恩。

往事已矣！在這回憶錄的末後，我要感謝父母養育之恩，懷念幫助我渡過艱苦歲月的叔叔和同鄉們。要感謝梅芳辛苦操勞家務，養育子女，使我能專心工作。感謝蒼天的照顧，子女們都很健康快樂，學業有成。也要感謝曾經和我一起工作的朋友們，讓我從工作中覺得有些兒成就，得到快樂。最後一點很重要，梅芳曾經對我說，我能娶到她，要躲到床鋪底下偷笑。我現在要說一聲，彼此彼此。

年譜摘記

一九三二年農曆三月二十三日出生於廣東省興寧縣水西鄉石塘村，原名劉錫光。

一九三七年開始在村中私塾就讀〈父親在私塾任教〉。

一九四一年在鄰村愷元小學就讀三年級半年。輟學半年。

一九四二年在鄰村光華小學就讀四年級半年。輟學半年。

一九四三年在水口鎮水東水西兩鄉聯立小學就讀五年級。

一九四五年水東水西兩鄉聯立小學畢業。升學水口第三中學。

一九四八年水口第三中學畢業。在水口店中打理雜務。

一九四九年農曆閏七月父親在老家大門前被胡璉部隊槍殺。約十天後〈農曆閏七月二十五日〉被胡璉部隊抓兵。

一九五二年三月進陸軍官校二十五期就讀。

一九五四年八月陸軍官校二十五期總成績第一名畢業。派台南師管區砲兵團。國防部令改名為劉錫輝。初任少尉。

一九五五年調第三軍砲兵指揮部六一九砲兵營任職。

一九五六年陸軍砲兵學校初級軍官班第四十五期受訓20週第一名畢業。晉升中尉。

一九五八年在金門島參加八二三砲戰。獲頒陸海空軍褒狀。被選拔為有功官兵返台接受軍人之友社招待慰勞假一週。

一九五九年參加國軍隨營補習教育高中同等學力檢定考試。汽車保養軍官班受訓。體育學校受訓。晉升上尉。

一九六〇年參加台灣區大專院校入學考試失敗。九月在營房被士官長殺傷住陸軍第四總醫院療養至次年大專院校聯考完畢。

一九六一年參加台灣區大專院校入學考試錄取成功大學機械系。

一九六二年獲中國技術服務社獎學金。

一九六三年獲台北市廣東同鄉會獎學金及獎狀。

一九六四年晉升少校。暑假在鐵路局實習。再獲中國技術服務社獎學金。

一九六五年再獲台北市廣東同鄉會獎學金及獎狀。暑假在鐵路局台北機廠實習。

一九六六年成功大學機械系畢業。派陸軍官校數學系擔任助教。

一九六七年六月與李梅芳訂婚「梅芳隨即赴西德工作」。進成功大學機械研究所就讀。

一九六八年暑假在中山科學研究院籌備處實習。

一九六九年成功大學機械研究所畢業。派中科院工作。十一月一日與李梅芳結婚。

一九七〇年購買中壢新國光一村房屋。同時在龍華工專，南亞工專兼課一年。

一九七一年在中正理工學院兼課一年半。
一九七二年三月怡萍出生。九月赴美就讀聖母大學航空研究所碩士班。晉升中校。
一九七三年二月怡君出生。五月聖母大學航空研究所畢業。出售中壢新國光房屋。
一九七四年購買桃園市房屋一間。中原理工學院兼課［1974~1976］。
一九七五年十月怡德出生。12/3~12/18 赴美洽公。
一九七六年 7/10~9/25 赴美接受短期間訓練。
一九七七年售出桃園市房屋。興建龍潭逸園房屋。9/28~10/16 赴西德治公。晉升上校。
一九七八年經由旅居泰國同鄉劉文彬協助和老家取得連繫。
一九七九年 12 月獲頒忠勤勳章。
一九八〇年 10/12~12/27 赴美接受短期間訓練。
一九八一年 5/4~5/23 赴美洽公。
一九八二年中原大學兼課一年。5/28~6/26 赴美洽公。
一九八三年 1/7~1/20 赴美短期公差。
一九八五年中科院年度工作會報獲頒莒光獎章。
一九八六年中科院年度工作會報獲頒雲麾勳章及獎金。1/11~2/3 赴美短期公差。及 6/28~7/28 赴美短期公差。

一九八七年上校退役改為聘任文職，仍留任中科院原職。4/4~4/27 赴美短期公差。

一九八八年怡萍暑假參加赴美教學旅行團。梅芳和怡君、怡德赴歐洲旅遊。

一九八九年怡君暑假參加赴美教學旅行團，八月接母親來台灣居住四個月後返回廣東老家。

一九九〇年七月梅芳和子女赴美定居。

一九九一年暑期請事假赴美探親二十二天。十二月售出龍潭逸園房屋，購入中壢房屋。

一九九二年二月辭中科院職務，赴大陸老家探親後移民美國。

一九九三年至二〇〇一年每年返台灣領退休金，順道返老家探親一次或二次。

一九九三年美國東部及加拿大 Montreal 旅遊。駕車去洛杉磯訪友。

一九九四年怡萍大學畢業，公司派到以色列受訓。怡君大學畢業繼續讀研究所。怡德在德國作為交換學生。八月間梅芳和怡君去德國及以色列探視怡德、怡萍旅遊七天。

一九九五年駕車去加拿大溫哥華旅遊。十一月五日怡萍與 Eric 結婚。

一九九六年怡君研究所畢業。墨西哥旅遊。李武雄夫婦陪同賓州長木花園及德裔 Amish 特區旅遊。

一九九七年怡德大學畢業繼續讀研究所。夏威夷旅遊。黃石公園大峽谷旅遊。

一九九八年阿拉斯加旅遊。由台灣去泰國曼谷清邁旅遊。

一九九九年五月十二日墨西哥 Acapulco 海港公主號郵輪至舊金山。八月十八日參加中華耆英會北加州旅行團。

二〇〇〇年五月外孫女 Sharon Giat 出生。赴加拿大洛磯山冰河旅遊。十二月赴北京、上海旅遊。

二〇〇一年五月密西西比河輪船旅遊。十月大陸長江旅遊，途經廣州時，脫離旅行團返老家探親。

二〇〇二年四月廿五日母親逝世，享年九十歲。

二〇〇二年九月廿八日至廿九日 Oroville Dam 旅遊。參加十二月廿五至廿七日黃石公園旅遊。

二〇〇三年九月梅芳和袁偉堅參加巴拿馬加勒比海郵輪旅遊。

二〇〇四年四月大陸絲路之旅。九月家中房屋開始改建至次年十月才改建完成。

二〇〇五年六月怡德獲得博士學位後至康乃爾大學任教。八月外孫女 Rebecca Giat 出生。

二〇〇五年九月大陸昆明大理麗江桂林旅遊。十二月聖誕節參加巴士旅遊團。

二〇〇六年梅芳和袁偉堅去蘇聯旅遊。十月參加雙十國慶祝賀團返台灣。

二〇〇七年 Grand Canyon，Lake Powell，Yosemite 旅遊。十一月自基隆乘麗星郵輪至廈門旅遊。購入桃園市房屋，售出中壢房屋。

二〇〇九年八月八日怡君與黃志凱結婚。十一月在高雄宴客，為移民後首次全家人在台灣聚會。參加西南巨環巴士旅行團。

二〇〇九年八月歐洲多瑙河遊輪十六天，李武雄夫婦同遊。十月台南同鄉會台東活動。十一月與曾立權夫婦等越南旅遊。返鄉之旅。

二〇一〇年三月康乃爾大學旅遊。四月台灣澎湖。馬來西亞旅遊。十一月與李桂芬夫婦赴澳門。參加澳大利亞旅行團。參觀台北花博。

二〇一一年三月 Las Vegas 三天二夜。四月台灣阿里山。山東。台灣芳苑。十月與怡萍全家同遊大峽谷鳳凰城。太浩湖三天二夜團賞雪。

二〇一二年七月參加 Sharon 成年禮。九月赴紐約探視怡德兼旅遊。10/12~12/12 在台灣探親及旅遊。

二〇一三年三月底和怡萍全家參加 Disney Cruice 旅遊，由怡君贈送全部旅費。

編後語

大變動時代的滄海一粟
劉錫輝回憶錄
坎坷命運的真情告白

原本是一批已經沉睡在電腦磁碟中的短文，準備留給子女參考，讓他們能夠知道「來龍去脈」。如今得以能「重見天日」，真的是非常偶然。

非常感謝馬忠良先生惠贈他的回憶錄〈從二等兵到教授〉，促成思考重新編整以前的回憶雜記的念頭。借用馬忠良先生的二句話：八十年的坎坷歲月，八十年的時代記憶。以前許多至親好友，都只是大概知道我的經歷，其轉折過程中的心路歷程則未必知曉。現在印出來給親戚朋友分享，乃謂為坎坷命運的真情告白。

這篇不像回憶錄，也不像傳記的「四不像」，因為是集結近三十年的「烏合之眾」，重新編整過程中的混亂局面實在很大，覺得自討苦吃，何必呢？幾度萌生退意，耳中卻又響起要我堅持走完最後半里路的聲音。經過一番砍殺，總算看見一條小徑在前。

心裡盤算仿照立法院諸位立法委員的辦法，先打一架再說。也許比擬得不倫不類。終於通過了混亂的「一讀」，有了回憶錄目錄。

各章節的內容，我比擬為「二讀」。拜電腦科技之便，拷貝，刪改，都能「一指搞定」，移花接木後也就有了一些眉目，「烏合之眾」解散後各就各位。

最後全篇再作「三讀」，修飾一些文字後就交差了事，趕緊脫離戰場。

完稿後是否會像立委諸公的傑作「會計法修正案」一樣，漏掉了很重要的關鍵字，那是在所難免。敬請識者多多寬諒！是為記。

照片集錦

文武教育

一九五四年陸軍官校二十五期畢業

文武教育

一九六六年成功大學機械系畢業

文武教育

一九六九年成功大學機械研究所畢業

金門砲聲隆隆中赴台灣渡榮譽慰勞假

金門砲戰有功官兵十三人，獲得國防部核准為砲戰後第一批赴台休假的榮譽。這批的官兵定十月七日上午乘專機飛抵台北享受他們建功後的愉快休假。他們的姓名為：中尉連附劉錫輝、中尉觀測官華緒龍、上士砲長拾景文、李成良、林良才、曲君華、劉少傑、郝崇芝、上士班長楊壽、中士班長李丁壽、中士瞄準手江銀亮、上等兵計算手林光前、中士砲長王炳清等。

第二排左七為參謀總長王叔銘上將 第二排右四為劉錫輝

陸軍就讀成大同學歡送劉愚公學長畢業留念

一九六三年一月歡送劉愚公學長畢業留念照片，可以引導出一件有趣的故事。劉一三（愚公）曾在四川大學讀書，沒有畢業就參加「青年軍」，後來以「復學」的名義，以「四川大學學生」身分，在成功大學「寄讀」。1961 年我讀成功大學時，他就是畢業班學生了。他在成功大學從化學系轉化工系再轉數學系，每個系都留下一門必修課不選，因此不可能畢業。國防部要求他回軍中復職，都以沒畢業作理由而留下來。一直拖到一九六三年一月才正式畢業。據說，他在成功大學讀了七年，國防部特別為他修改軍官晉升辦法，將他由少校晉升為中校。希望他回軍中復職。當然，同時在大學讀書的人都沾了光，我亦受惠該項特例晉升辦法，由上尉晉升少校．因為受到軍中服務人員反映，該項特例晉升辦法二年後就廢止了。「愚公」之稱謂是他自己引用的。

後排左起易友隸、蘇翔、彭熙之、張維明、張明文、古文亮、劉錫輝，前排左二起王三謙、劉一三（愚公）、徐希濂、黃廷高、李肇嚴

一九七六年在美國受訓合影

左起陸式祥、惠書香、龔明覺、卓永莉、講師 Allison、劉錫輝、徐長明、連絡人

受訓人員起先合租公寓居住，後來卓永莉另外和一位在受訓公司服務的女性員工合住。那位女士有點左傾，可能因此知道受訓內容，導致美國國務院干預，取消了最後兩週的重要課程。卓永莉回台灣後，沒多久就辭職不幹了。組長徐長明博士退休後，繼續在東海大學作育英才。陸式祥，龔明覺從事飛彈自動駕駛控制系統研究，只有惠書香和我相隨從事計算機系統模擬工作。

老母親來台親友到賀

一九八九年八月四日老母親抵達台灣，一別重逢竟然相隔就是整四十年。親友們接獲訊息，紛紛前來道賀。將親友相聚錄影送入電視顯示的畫面，讓老人家感到新奇。返回大陸後，說給嬸嬸等人聽，像天方夜譚一樣的開心。現在所有其他記錄都已遺失，唯獨留下這幅很難得的照片。

後排左起李梅芳、劉錫輝、劉雨聲、劉雨聲太太
前排左起劉光漢太太、劉光漢、老母親、劉怡德、劉光漢媳婦及孫子

一九九二年退休時院長劉曙晞上將設宴款待

一九九二年首次返回生長的故鄉

二〇〇九年祖屋大廳改建完成全貌

麻將牌磚砌成二〇〇六新年

成人學校有位同學黃志平，年紀大我十二歲，身體非常硬朗，一個人住在 Sunnyvale，週末常邀請同學到他家裡聚會。初期是打乒乓球，後來改為搓麻將，起先擺二張桌還要輪流上陣，後來四人幫都難湊齊。搓麻將純粹為比較技藝，八圈或時間到了就結算成果。彩頭一美元由輸家提供。黃志平技藝最高，被尊稱為麻將學校校長，我自封為副校長，累次向校長職位挑戰，但總是敗下陣來。二〇一二年五月十五日將〈成人學校〉寄給黃志平，同享搓麻將話題，他回應：

Hi，Kevin ：

你的生花妙筆，寫下了我們這群背景酷似的老學生們永生難忘的美好記憶 . 時過境遷，往事如雲 . 套句歌詞：「去哪尋找我們往日的舊夢？！」謝謝你的大作。

Charles 黃

黃志平 Charles、Helen、Flavia、劉錫輝 Kevin

八十歲老漢自建後院菜圃

二〇一〇年移除後院大樹後，將近一年，後院環境雖然都在逐步的改善，但是缺乏利用及美觀。九月初，開始規劃後院菜圃。先從屋簷下開始整理，再用紅磚舖設一條 L 形三尺寬的走道。菜圃分成五個區塊，像田字或品字型，為了阻止地鼠危害，菜圃底部加設地網。周邊用水泥磚塊圍成約 5 呎 x7 呎 x1.5 呎。先作現場打樣，徵求梅芳意見。老天很幫忙，動手開挖灌溉水管前，連續三天下雨，雨量雖不多，但幫助不少。工程不算複雜，埋設水管、整地、圍磚、堆土而已。但因地下仍有樹根，整地仍然很困難， 而且體力不佳，只是把它當作休閒活動，沒有僱工人來做。時做時停，竟做了二個多月才完成。辛勤的工作換來後院面貌一新，以及明年播種豐收的期待，心中非常喜悅。〈二〇一一年十一月十一日〉

新建菜圃及走道

二〇一二年石園宿舍前舊地重遊

忠勤勳章及六等雲麾勳章

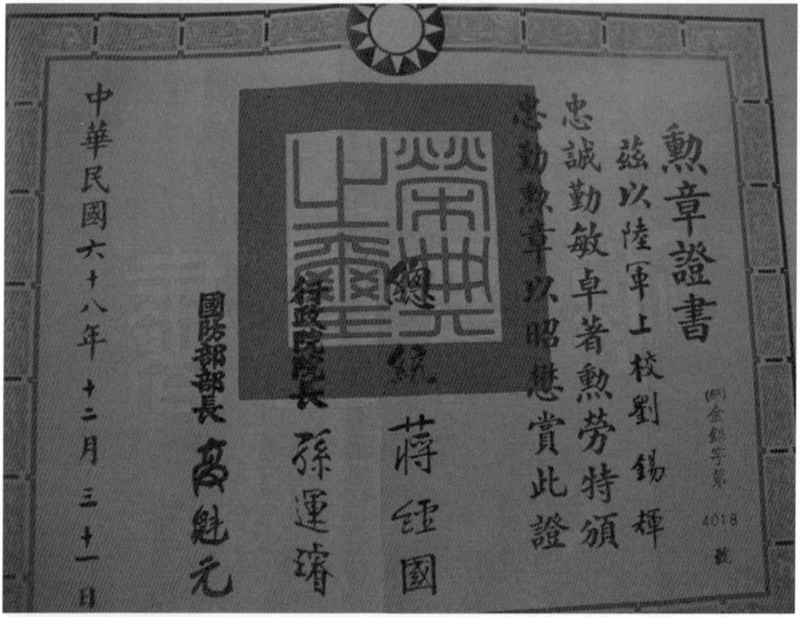

勳章證書

(印)金錫字第 4018 號

茲以陸軍上校劉錫輝

忠誠勤敏卓著勳勞特頒

忠勤勳章以昭懋賞此證

總統 蔣經國

行政院院長 孫運璿

國防部部長 高魁元

中華民國六十八年十二月三十一日

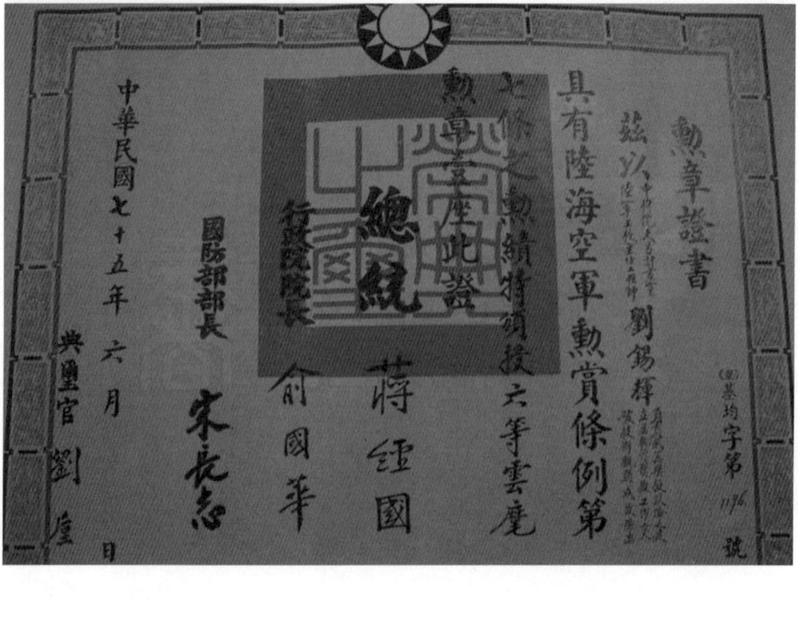

勳章證書

(雲)基均字第 1176 號

茲以 劉錫輝

具有陸海空軍勳賞條例第

七條之勳績特頒授六等雲麾

勳章壹座此證

總統 蔣經國

行政院院長 俞國華

國防部部長 宋長志

中華民國七十五年六月 日

典璽官 劉垕

陸海空軍褒狀及寶星獎章

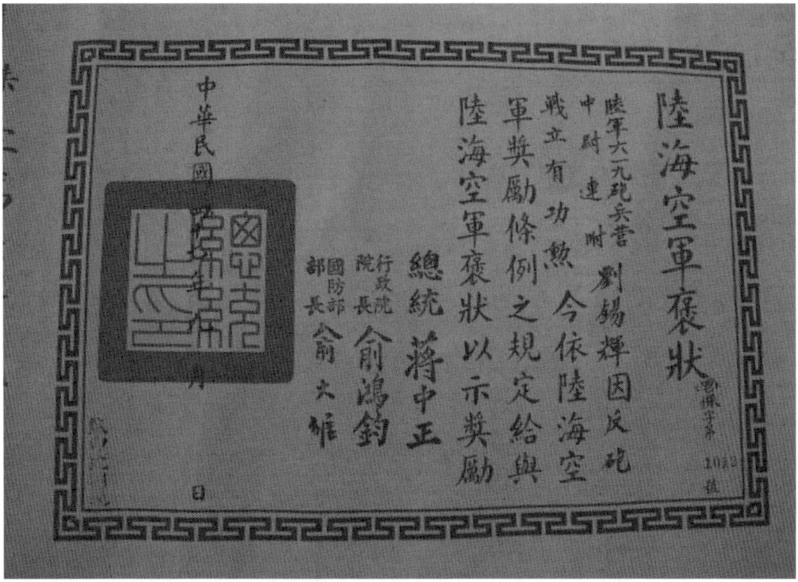

陸海空軍褒狀

陸軍六一九砲兵營
中尉連附 劉錫輝因反砲
戰立有功勳今依陸海空
軍獎勵條例之規定給與
陸海空軍褒狀以示獎勵

總統 蔣中正
行政院院長 俞鴻鈞
國防部部長 俞大維

中華民國　年　月　日

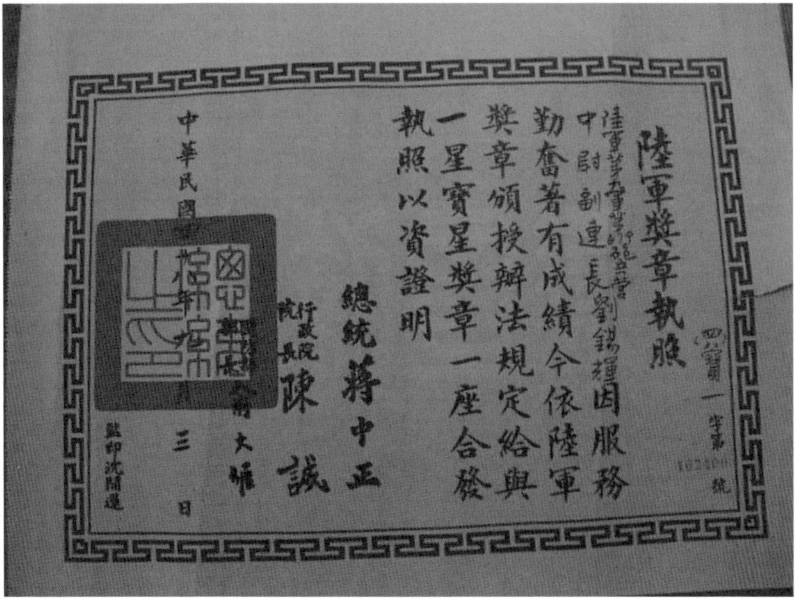

陸軍獎章執照

中尉副連長劉錫輝因服務
勤奮著有成績今依陸軍
獎章頒授辦法規定給與
一星寶星獎章一座合發
執照以資證明

總統 蔣中正
行政院院長 陳誠
國防部部長 俞大維

中華民國　年　月　三　日

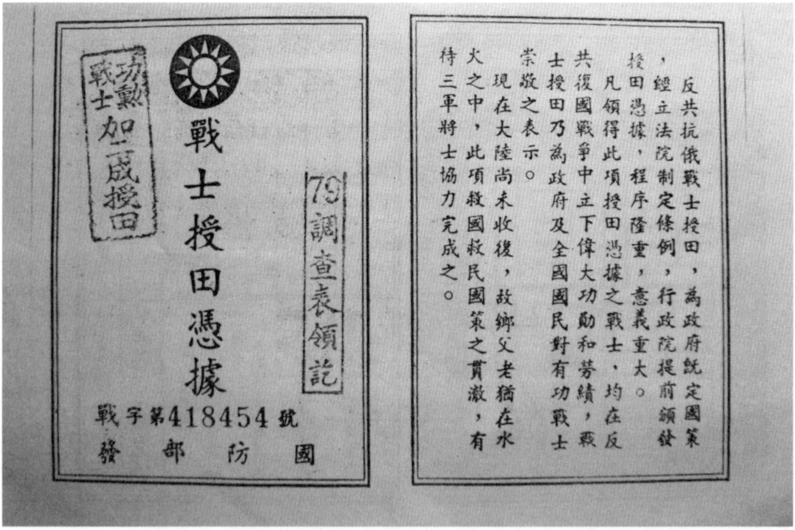

功勳戰士 加成授田

戰士授田憑據

79 調查表領訖

戰字第418454號

國防部發

反共抗俄戰士授田，為政府既定國策，經立法院制定條例，行政院提前頒發授田憑據，程序隆重，意義重大。

凡領得此項授田憑據之戰士，均在反共復國戰爭中立下偉大功勳和勞績，戰士授田乃為政府及全國國民對有功戰士崇敬之表示。

現在大陸尚未收復，故鄉父老猶在水火之中，此項救國救民國策之貫澈，有待三軍將士協力完成之。

一九五六年戰士授田憑證 -- 一九九五年折價台幣八萬元

一九四九年年來台的叔叔及金新哥

上圖 劉森鳳、劉思均、劉森泉、劉妙松　　下圖劉金新

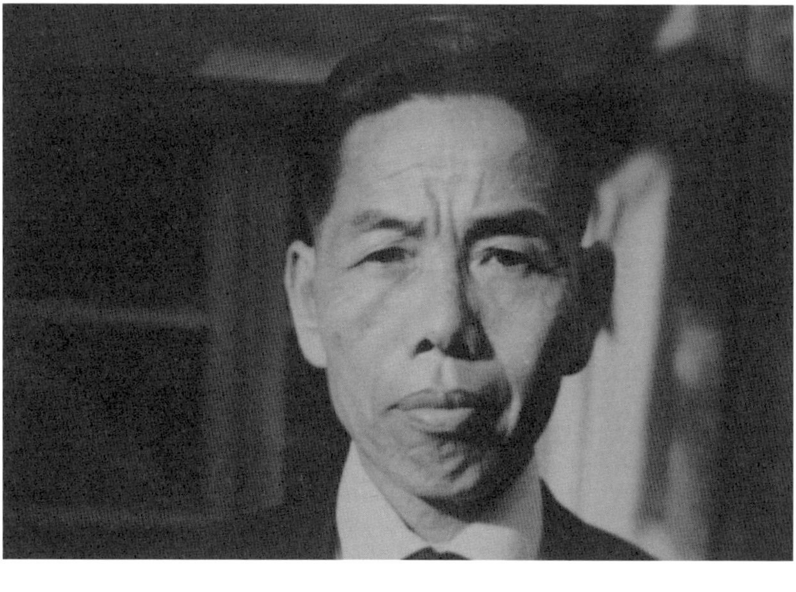

領導反共復國的蔣總統

參加反共陣營的三項保障

(一)凡脫離匪軍起義來歸的官兵，均與國軍袍澤一視同仁，論功行賞。

(二)凡參加反共工作的各政治集團、各民間組織，除共產匪黨外，不論其過去政治立場如何，一律享有平等合法的權利，循憲法規範與公平競爭的原則，共同努力，重建「民有、民治、民享」三民主義的新中國。

(三)凡參加匪僞政黨組織分子，除萬惡元兇以外，只要其願為反共革命効力，概本脅從罔治和既往不咎的寬大精神，一律予以赦免，並保障其生命財產的安全。

反共復國的六大行動目標

(一)澈底解散集中營，廢除「勞動改造」的奴工制，保障工人自由擇業及組織工會等基本權利，免除奴役脅迫的恐怖，以恢復工人勞動、擇業的自由。

(二)根本撤銷「農業合作社」、「集體農場」和「糧食配給制」等一切暴政，耕地應為農民所有，收穫亦為農民所享，免除剝削與凍餒的恐怖，第一步要先恢復農民溫飽康樂的自由。

(三)根絕「馬列史毛主義」的思想毒素，及「社會主義」教育等洗腦酷刑，澈底解除奸匪對於知識分子和青年學生在精神和心理上所施的壓迫，尊重理性，發展學術，消除「思想改造」的恐怖，以恢復人民思想、研究的自由。

(四)取消「公私合營制」及對民生必需品的「統購」「統銷」等扼殺人民生計的苛政，維護私人合法財產及利潤，免除沒收、掠奪的恐怖，以恢復人民經濟生活的自由。

(五)澈底消滅階級鬭爭，禁止製造仇恨及清算、公審等一切絕滅人性的暴政。凡家庭受鬭爭、親屬被殺害者，皆將以合法手續平情處理，不能肆意尋仇，互相殘殺，免除循環報復的恐怖，以恢復人民生命安全的自由。

(六)發揚民族精神，保衛歷史文化，崇尚倫理道德，維護婚姻自由，增進家庭康樂，並保障人民言論、出版、集會、結社、居住與宗教信仰之自由，免除一切控制、迫害的恐怖，以恢復人民選擇生活方式的自由。

國家圖書館出版品預行編目資料

大變動時代的滄海一粟——劉錫輝回憶錄 / 劉錫輝 著 --初版--
臺北市：博客思出版事業網：2013.12
ISBN：978-986-6589-21-8（平裝）
1.劉錫輝 2.回憶錄

783.3886 102025325

傷痕文學大系 3

大變動時代的滄海一粟——劉錫輝回憶錄

作　　者：劉錫輝
美　　編：諶家玲
封面設計：諶家玲
執行編輯：張加君
出 版 者：博客思出版事業網
發　　行：博客思出版事業網
地　　址：台北市中正區重慶南路1段121號8樓14
電　　話：(02)2331-1675或(02)2331-1691
傳　　真：(02)2382-6225
E—MAIL：books5w@gmail.com
網路書店：http://bookstv.com.tw/
http://store.pchome.com.tw/yesbooks/
博客來網路書店、博客思網路書店、華文網路書店、三民書局
總 經 銷：成信文化事業股份有限公司
劃撥戶名：蘭臺出版社 帳號：18995335
香港代理：香港聯合零售有限公司
地　　址：香港新界大蒲汀麗路36號中華商務印刷大樓
C&C Building, 36,Ting, Lai, Road, Tai,Po, New,Territories
電　　話：(852)2150-2100 傳真：(852)2356-0735
總 經 銷：廈門外圖集團有限公司
地　　址：廈門市湖裡區悦華路8號4樓
電　　話：86-592-2230177
傳　　真：86-592-5365089
出版日期：2013年12月 初版
定　　價：新臺幣280元整（平裝）
ISBN：978-986-6589-21-8

版權所有・翻印必究